U[illegible]lenmaier

„Hab ich voll verpeilt, Alter!"

Alltagskommunikation trainieren mit Jugendlichen

Verlag an der Ruhr

Impressum

Titel: **„Hab ich voll verpeilt, Alter!"**
Alltagskommunikation trainieren mit Jugendlichen

Autorin: Ilsabé Waldenmaier

Titelbildmotiv: © Barney O'Fair – PIXELIO
© Cmon – Fotolia.com

Illustrationen: Ralph Handmann

Druck: CS-Druck CornelsenStürtz GmbH, Berlin

Verlag: Verlag an der Ruhr
Alexanderstraße 54 – 45472 Mülheim an der Ruhr
Postfach 10 22 51 – 45422 Mülheim an der Ruhr
Tel.: 02 08/439 54 50 – Fax: 02 08/439 54 239
E-Mail: info@verlagruhr.de
www.verlagruhr.de

ISBN 978-3-8346-0499-6

geeignet für die Altersstufen 13 14 15 16 17 18 19

Die Schreibweise der Texte folgt der neuesten Fassung der Rechtschreibregeln – gültig seit August 2006.

Gedruckt auf chlorfrei gebleichtes Papier.

ÖKOPROFIT® MÜLHEIM AN DER RUHR 2007/2008

Wir sind seit 2008 ein ÖKOPROFIT®-Betrieb und setzen uns damit aktiv für den Umweltschutz ein. Das ÖKOPROFIT®-Projekt unterstützt Betriebe dabei, die Umwelt durch nachhaltiges Wirtschaften zu entlasten.

Inhaltsverzeichnis

Inhaltsverzeichnis

> *Wer so spricht,*
> *dass er verstanden wird,*
> *spricht immer gut.*
>
> *Molière (1622–1673)*

Die Sprache ist die **wichtigste Errungenschaft** der Menschheit und unterscheidet uns – den HOMO SAPIENS – von allen anderen Lebewesen. Die Sprache ist aber auch „die **Quelle aller Missverständnisse**", behauptete der französische Dichter Saint-Exupéry (1900–1944). Diese Erkenntnis scheint heutzutage die Menschen immer mehr in Rede- und Rhetorikseminare zu treiben. Hier sollen Defizite in der Kommunikationsfähigkeit ausgeräumt und die Fähigkeit, erfolgreiche Gespräche im privaten und beruflichen Umfeld zu führen, erlangt werden: Denn **mangelnde Sprachkompetenz** wirft **Grenzen** auf. Dem Entstehen solcher Grenzen für Jugendliche soll dieses Buch entgegenwirken.

Die Gründe und Ursachen für kommunikative Defizite sind vielfältig. Nicht zu verleugnen ist, dass das Problem schon in **frühem Kindesalter** beginnt. In der heutigen Gesellschaft wird sehr früh die Verantwortung zur Erlangung einer geeigneten Sprachfähigkeit auf **Erziehungs- und Bildungseinrichtungen** übertragen. Es gehört durchaus nicht in jeder Familie zum Alltag, **miteinander zu reden**, einander **aufmerksam zuzuhören**. E-Mails, SMS und Chatten im Internet bestimmen den kommunikativen Alltag vieler Jugendlicher. Sie lernen dabei nicht, mit **kommunikativen Problemen** angemessen umzugehen, und schenken auch der Form des Kommunizierten für gewöhnlich wenig Beachtung. Eine Schulung der Sprachkompetenz im Alltag bleibt somit aus. Dies führt dazu, dass die Jugendlichen den **Anforderungen**, die in Gesprächen in Schule, Beruf, aber auch im Miteinander in der Familie oder im Freundeskreis entstehen, **nicht gerecht werden können**. Darum gilt es, ihnen die **Grundpfeiler gelingender Kommunikation** zu vermitteln:

- **aktiv zuhören,**
- auf **körpersprachliche/mimische** Signale achten,
- darauf **angemessen reagieren**.

Für eine angemessene Reaktion brauchen die Jugendlichen ein grundlegendes Verständnis für **Kommunikationssituationen**, für **Hierarchien**, **(Hinter)Gründe** und **Absichten**.

Die Fähigkeit, **im richtigen Moment die richtigen Worte zu finden**, stärkt das Selbstbewusstsein, ebnet Wege, wappnet für den Alltag – und unterstützt auch die Aufgaben der Gewaltprävention, und zwar sowohl körperlicher als auch emotionaler Gewalt. Das Bewusstsein über die Tatsache, dass sie auch kommunikativ im Leben **unterschiedliche und wechselnde Rollen** übernehmen und diese erfolgreich im Sinne einer geglückten Kommunikation einsetzen und erfüllen können, wird zu einer positiven **Bewältigung von Alltagssituationen** führen. Dies wiederum stärkt **Selbstvertrauen** und **-sicherheit**.

Somit kann Sprache auch der Schlüssel zur **Persönlichkeitsfindung** sein.

Hinweis: *Aus Gründen der besseren Lesbarkeit haben wir in diesem Buch durchgehend die männliche Form verwendet. Natürlich sind damit auch immer Frauen und Mädchen gemeint, also Lehrerinnen, Schülerinnen etc.*

Vorwort

Zum Buch

Der **erste Teil** dieses Buches widmet sich den **theoretischen „Basics“** von Kommunikation. Der Schwerpunkt wird dabei auf **dialogischer Kommunikation** liegen. In der **Einleitung** erhalten Sie die nötigen Informationen, um die jeweiligen Einheiten einzuordnen und bei den Jugendlichen entsprechend einzuführen. Diese Informationen sind nach Themen unterteilt und gehen gleichzeitig in chronologischer Reihenfolge auf die Arbeitsblätter ein. Auf den Arbeitsblättern wiederum finden Sie oben einen kleinen Button, der Sie auf die entsprechende Seite in der Einleitung verweist. → 1

Die Arbeitsblätter und Übungen in diesem Teil sind allgemein gehalten und vertiefen die **grundsätzlichen Kommunikationsaspekte**. Jugendliche sollen lernen,

- **was** in Gesprächen **passiert**,
- dass sie sich auf **Gespräche vorbereiten** müssen,
- dass sie durch angemessenes Verhalten ihr **Gesprächsziel erreichen** können.

Dabei kommt es nicht nur darauf an, **was** mit welcher **Absicht** gesagt wird, sondern vor allem auf das **Wie** und das **Zu-Wem**.

Der **zweite Teil** besteht aus Arbeitsblättern, auf denen die Jugendlichen anhand ganz **konkreter Situationen** die theoretischen Kenntnisse anwenden sollen. Sie üben unterschiedliche Gesprächstechniken, um **Missverständnisse zu vermeiden** und **Konflikte zufriedenstellend zu lösen.**
Die Gliederung der Arbeitsblätter erfolgt zunächst nach **Lebensbereichen**, in denen die Jugendlichen kommunizieren:

- Familie,
- Schule,
- Freizeit,
- Beruf.

Innerhalb der einzelnen Bereiche behandeln die Arbeitsblätter unterschiedliche Kommunikationsabsichten. Sie haben daher die Möglichkeit, entweder **innerhalb eines Lebensbereiches**, z.B. Elternhaus, die verschiedenen **Kommunikationsabsichten** mit den entsprechenden Regeln bearbeiten zu lassen. Oder Sie behandeln die Kommunikationsabsicht, z.B. „etwas wünschen/um etwas bitten“, bezogen auf alle Lebensbereiche. Auf S. 42 ff. finden Sie noch einmal eine Übersicht über alle Arbeitsblätter mit einem entsprechenden Vermerk auf die zu Grunde liegende Kommunikationsabsicht, falls Sie letztere Methode bevorzugen.
Eine **ausführliche Einleitung** gibt Ihnen auch zum zweiten Teil alle nötigen Informationen an die Hand. Diese Einleitung geht wiederum in chronologischer Reihenfolge auf die einzelnen Arbeitsblätter ein.
Am Ende des Buches finden Sie außerdem für einige Übungen und Arbeitsblätter **Lösungsvorschläge**.

Die folgenden Elemente werden Sie und die Jugendlichen durch das Buch begleiten:	
	Hier handelt es sich um ein Arbeitsblatt.
i	Der Infokasten liefert „sachdienliche“ Informationen zum Thema.
Ü	Der Übungskasten enthält für das Arbeitsblatt einleitende/ergänzende/weiterführende Aufgaben.
	Der Situations- oder Dialogkasten liefert praktische Beispiele, mit denen auf den Arbeitsblättern in der Folge gearbeitet wird.

TEIL I BASICS

Einleitung

Kommunikation – mehr als nur miteinander sprechen

i Definition: Kommunikation

Kommunikation (lat. Mitteilung) bedeutet „jede Form von wechselseitiger Übermittlung von Informationen durch Zeichen/Symbole zwischen Lebewesen (Menschen/Tieren) oder zwischen Menschen und Daten verarbeitenden Maschinen". Die zwischenmenschliche Verständigung erfolgt dabei „mittels sprachlicher und nicht-sprachlicher Mittel, wie Gestik, Mimik, Stimme".

(Quelle: Hadumod Bußmann, Lexikon der Sprachwissenschaft. Stuttgart,1990. ISBN 978-3520452030, Seite 392)

Mit dem Begriff „Kommunikation" verbinden wir zunächst einmal den **Austausch von Informationen**: mündlich oder schriftlich, zwischen Individuen, in einer geschlossenen Gruppe oder im Bereich der Massenkommunikation. Genauer betrachtet, werden wir bei der Kommunikation jedoch weit mehr herausgefordert. Kommunizieren bedeutet miteinander in **Verbindung** treten, sich **verständigen** und **verstehen**. Nicht nur auf der **sprachlichen Ebene**, sondern auch mit **Mimik, Gestik und Körperhaltung**. In bestimmten Situationen nichts zu sagen, stellt ebenso eine Art von Kommunikation dar. Entscheidend ist, im richtigen Moment – also **situationsgerecht** – ein angemessenes Kommunikationsverhalten zu zeigen. Die Wahl einer **falschen Sprachebene**, das unangemessene Reagieren auf Äußerungen anderer, führt unweigerlich zu **Missverständnissen** oder **Streitgesprächen** und kann unter Umständen künftiges Kommunizieren nicht ohne Störungen möglich machen.

Kommunikation hat nicht nur etwas mit **Inhalten** zu tun, sondern immer auch einen **Beziehungsaspekt**. **Was** sage ich **zu wem** auf welche Weise **(wie)**?

Das ist daher die Frage, die es zu beantworten gilt, wenn Jugendliche lernen sollen, mit den unterschiedlichen Anforderungen im Alltag zurechtzukommen. Zusätzlich müssen wir darüber nachdenken, in welcher **Situation** wir uns befinden, wenn wir kommunizieren, und mit welcher **Absicht** wir ein Gespräch führen.

Die Kommunikationsanlässe und -absichten von Jugendlichen sind vielfältig. In den verschiedenen Bereichen, die ihren Alltag bestimmen, treffen sie auf sehr unterschiedliche Menschen, mit denen sie kommunizieren. Bekannte und Unbekannte, Ältere und Jüngere, Sympathische und Unsympathische – um nur einige Beispiele zu nennen.
Um darauf vorbereitet zu sein, ein angemessenes Verhalten in Gesprächssituationen zu zeigen und damit „dialogische Kommunikation gelingen zu lassen", sollten sie die vielen Aspekte der Kommunikation kennen und einschätzen können.

Ü *Ein Brainstorming zum Thema „Kommunikation" soll die Jugendlichen auf das breite Feld der Kommunikation einstimmen.*
Mögliche Inputs:

- *Wann kommuniziert ihr?*
- *Mit wem kommuniziert ihr?*
- *Mit welchen Mitteln kommuniziert ihr?*

An der Tafel werden alle Begriffe gesammelt, die die Jugendlichen nennen. Anschließend ist es sinnvoll, gemeinsam eine Mind Map® zu erstellen, die die wesentlichsten Aspekte der Kommunikation beinhaltet. Auf der folgenden Seite finden Sie einen detaillierten Lösungsvorschlag – diese Aspekte sollten in der Mind Map® am Ende enthalten sein.

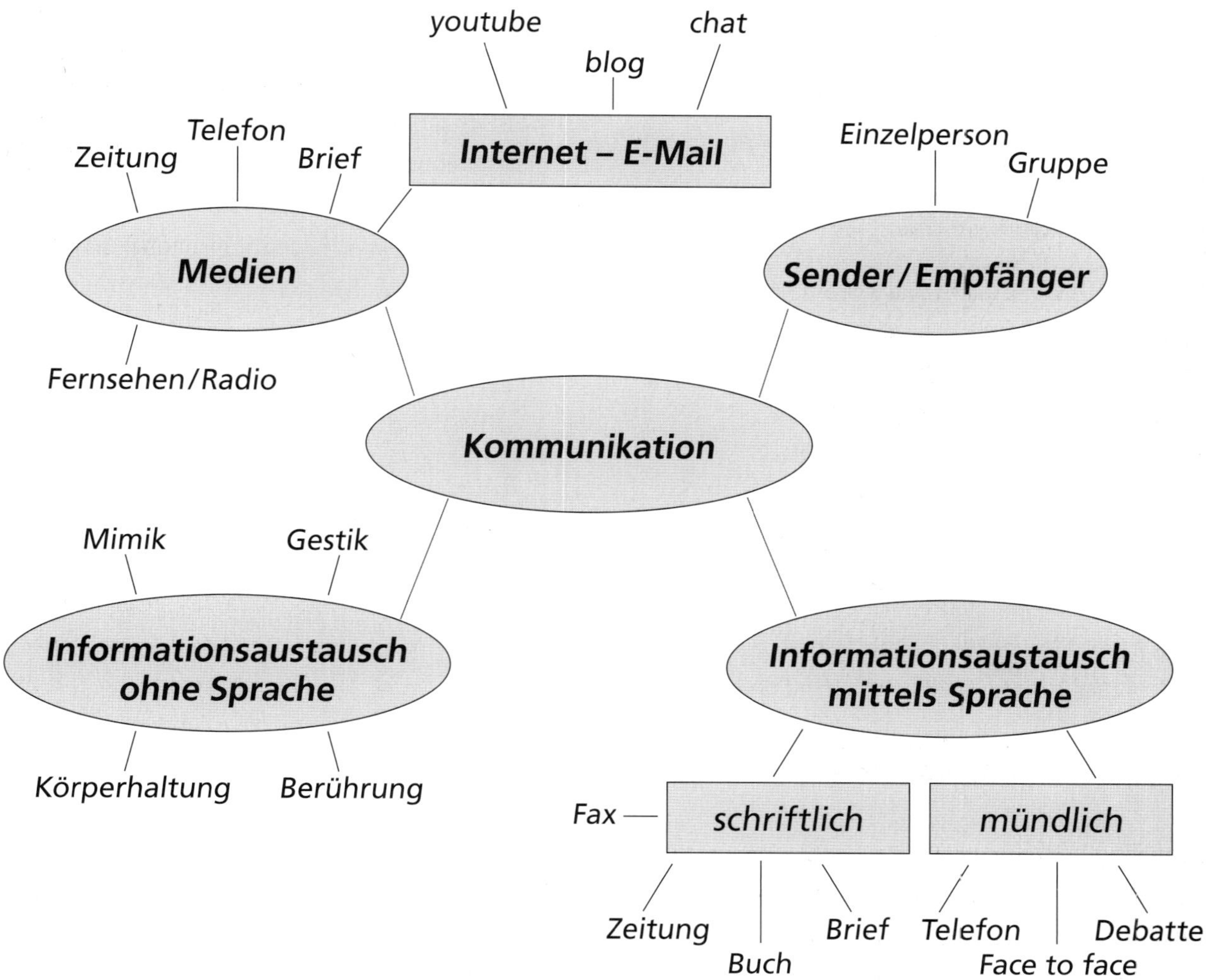

Bevor detailliert auf den Kommunikationsprozess eingegangen wird, sollen nun die Jugendlichen ihr eigenes Kommunikationsverhalten reflektieren. Dazu bieten sich die folgenden Arbeitsblätter an:

Mein Kommunikationsverhalten/ Auswertung (S. 24/25)

Dieser Fragebogen, den jeder Jugendliche allein ausfüllen soll, bringt ihn dazu, über die unterschiedlichsten Situationen nachzudenken, in denen er in „Kommunikation" verwickelt ist. Die Kernfrage lautet dabei: Wie schlägt er sich derzeit im Alltag in Sachen Kommunikation? Im Anschluss können die Jugendlichen in Kleingruppen über die Verteilung ihrer Punkte diskutieren und vielleicht schon grob darüber entscheiden, ob es bei der Beantwortung der jeweiligen Fragen ein „Richtig" und ein „Falsch" gibt. Am Ende der Übungseinheit sollte die ganze Gruppe über die Aufgabe diskutieren. Folgende Fragen regen zum Nachdenken an:

- Kamen dir einige Situationen bekannt vor?
- Hast du alle Fragen verstanden?
- Welche Frage konntest oder wolltest du nicht beantworten?
- Hast du nach der Bearbeitung etwas Neues über dich selbst erfahren, etwas, über das du bisher nicht nachgedacht hast?
- Bei welcher Frage hast du dir die höchste/niedrigste Punktzahl gegeben?
- Wie schätzt du dein eigenes Kommunikationsverhalten ein?

Nach der Diskussion erhält jeder Schüler das Auswertungsblatt (S. 25).

Ein ganz normaler Tag (S. 26)

Dieses Arbeitsblatt soll die Jugendlichen darüber nachdenken lassen,

- mit wem sie kommunizieren,
- wo / in welcher Situation,
- wie lange,
- mit welchen Mitteln,
- mit welcher Absicht.

Nach diesen zwei Übungen wird die Gruppe schon einiges über ihr kommunikatives Verhalten gelernt haben. Die Jugendlichen haben Erfahrungen ausgetauscht und können ihr Verhalten grundlegend einschätzen. Und sie werden festgestellt haben: Den perfekten Kommunikator gibt es nicht, aber wer sich mit dem Thema etwas näher beschäftigt, kann wesentlich dazu beitragen, dass Gesprächsituationen im Alltag gelingen.

Der Kommunikationsprozess

Dialogische Kommunikation ist ein **wechselseitiger Prozess.** In Gesprächen findet meist ein ständiger Rollenwechsel zwischen den beteiligten Personen statt. Die Äußerung des Sprechers erhält durch die Reaktion des anderen die entsprechende Bedeutung.

Der Prozess verläuft wie folgt:

1. **Absicht:** Im Kopf des Sprechers entsteht die Absicht, eine bestimmte Botschaft zu senden.
2. **Übersetzen:** Er übersetzt die Botschaft in Worte.
3. **Senden:** Er spricht die Worte aus.
4. **Übermitteln:** Die Schallwellen gelangen über die Luft zum Zuhörer.
5. **Empfangen:** Der Zuhörer nimmt das Gesagte akustisch auf.
6. **Übersetzen:** Der Zuhörer muss die Botschaft für sich übersetzen.
7. **Verstehen:** Der Zuhörer interpretiert die Botschaft.

Nun wird der Zuhörer überlegen, wie er reagieren soll, und seinerseits eine Absicht formulieren. Der Kommunikationsprozess entsteht neu in umgekehrter Richtung. Jeder Schritt wird zusätzlich von **Mimik**, **Gestik** und **Körperhaltung** unterstützt.

Dass dieser komplexe Vorgang nicht immer fehlerfrei funktioniert und daher **Missverständnisse** und **Fehldeutungen** entstehen, ist leicht erkennbar. In jedem einzelnen Schritt können sich Fehler oder Störungen einschleichen. Die Reaktion des Zuhörers hängt davon ab, was er verstanden hat. Einflüsse, die von „außen" auf ein Gespräch einwirken, wie eine laute Umgebung oder Ablenkung durch andere, lassen sich nicht uneingeschränkt ausschalten. Aber die Jugendlichen sollten die Faktoren, die ein Gespräch unabhängig von äußeren Bedingungen gelingen oder misslingen lassen, kennen und sich darauf einstellen – dann werden sie es leichter haben, angemessen zu kommunizieren.

Wichtig für sie ist ein Bewusstsein für die folgenden Faktoren:

- welche **Rolle** habe ich (z.B. Freund, Kind, Schüler),
- aus welcher **Gruppe** komme ich (Erwachsener, Jugendlicher),
- aus welchem **Umfeld** komme ich,
- mit welcher **Absicht** will ich das Gespräch führen,
- welches **Vorwissen** zu dem Thema haben beide Partner,
- wie kann ich mich **ausdrücken**,
- welche **Sprache** wähle ich (z.B. Dialekt, Umgangssprache, Jugendsprache),
- wie sind meine **Körperhaltung** und **Mimik**, **Gestik** und **Stimme**.

Dieses Bewusstsein soll mit den vorliegenden Materialien geschärft werden.

Die vier Kommunikationsebenen
(nach Friedemann Schulz von Thun[1])

Beim Einstieg in das Thema „Kommunikation" werden die Jugendlichen schnell erkennen: **Eindeutige Botschaften** zu vermitteln, ist eine Grundvoraussetzung, um Kommunikation gelingen zu lassen. Dazu müssen sie stets auch auf die **Situation des Gesprächspartners** und das „Ohr", auf dem er gerade hört, Rücksicht nehmen. Eine Nachricht kann ganz unterschiedlich aufgefasst werden.

Friedemann Schulz von Thun unterscheidet vier Kommunikationsebenen, die eine Nachricht enthalten kann, mit unterschiedlichen Schwerpunkten – je nach der Absicht, die mit der Kommunikation verbunden wird. Wenn die Jugendlichen diese Ebenen kennen, wird es ihr Bewusstsein für die Situation des Sprechers sowie des Zuhörers schärfen. Achtung: Diese Arbeitsblätter sind recht anspruchsvoll!

Auf dem Arbeitsblatt

Kommunikationsebenen 1/2 (S. 27)

sind selbige kurz skizziert.

Für echte Profis können Sie dann das Arbeitsblatt

Kommunikationsebenen 2/2 (S. 28)

anschließen.

Lösungen/Vorschläge zu diesen Arbeitsblättern finden Sie auf S. 106.

Sprachebenen

Neben dem Bewusstsein für die verschiedenen Kommunikationsebenen sollte sich auch ein Bewusstsein für die verschiedenen Sprachebenen entwickeln. Dazu dient das Arbeitsblatt

Sprechen in verschiedenen Situationen (S. 29–30)

Hier finden Sie eine kurze Zusammenfassung der Ebenen sowie entsprechende Aufgaben. Das Arbeitsblatt soll die Jugendlichen erkennen lassen, dass bestimmte Äußerungen je nach Ansprechpartner in verschiedenen „Sprachen" gesprochen werden und es wichtig ist, sich auf die jeweilige Gesprächssituation mit der „richtigen" Sprache einzulassen.
Auch diese Arbeitsblätter sind relativ anspruchsvoll! Lösungsvorschläge finden Sie auf S. 106.

Folgende Übung können Sie anschließen:

> **Ü** *Ganz bestimmt kennen die Jugendlichen einige Redewendungen, die ursprünglich aus einer beruflichen Fachsprache kommen, z.B.: „jemanden aufs Korn nehmen" (Jägersprache), „Nägel mit Köpfen machen" (Handwerk). Lassen Sie sie nach weiteren Redewendungen suchen, die den Weg in den allgemeinen Sprachgebrauch gefunden haben. So lernen sie, dass die Sprachebenen „durchlässig" sind und dass Sprache stets einem Wandel unterliegt.*

Nonverbale Kommunikation

„Man kann nicht nicht kommunizieren", sagt der Kommunikationswissenschaftler Paul Watzlawick[2]. Die Sprache macht nur einen geringen Teil des Kommunikationsprozesses aus, der zwischen Sprecher und Zuhörer stattfindet. Der Psychologie-Forscher Albert Mehrabian[3] fand heraus, dass nur ein kleiner Teil, nämlich 7 %, des Inhalts einer Nachricht durch die gesprochenen Worte vermittelt wird. Einen weit größeren Einfluss bei der Informationsvermittlung haben die **Stimme** mit 38 % und die **Körpersprache** mit 55 %. Umso wichtiger, dass die Jugendlichen über diese Bestandteile der Kommunikation reflektieren.

---

[1] *geboren 1944, deutscher Psychologe und Kommunikationswissenschaftler*

[2] *1921–2007*

[3] *geboren 1939, Forschungsschwerpunkt auf verbalen und nonverbalen Nachrichten*

Körpersprache können wir uns bis zu einem gewissen Grad aneignen. Jedoch werden echte Gefühle und Stimmungen oft instinktiv durch Mimik, Gestik, Körperhaltung und Stimme ausgedrückt. Damit sind **nonverbale Äußerungen** in der Regel ehrlicher als verbale. Die Körpersprache kann das „Gesagte" unterstützen, dann spricht man von einer stimmigen oder kongruenten Botschaft. Oft spricht das Gesicht oder der Körper aber „eine ganz andere Sprache". Diese Botschaft wird nicht stimmig oder inkongruent genannt.

In einem Gespräch werden unzählige nonverbale Signale gesendet. Schärfen Sie das Gespür der Jugendlichen für die eigenen Signale und die Signale der Gesprächspartner:

Den Körper sprechen lassen (S. 31)

Ergänzend können Sie folgende Übungen mit den Jugendlichen durchführen:

Ü ***Blickkontakt:*** *Lassen Sie die Jugendlichen nach Redewendungen suchen, die die Wichtigkeit des Blickkontaktes in Hinblick auf Beziehungen verdeutlichen, z.B.: „Ein Blick sagt mehr als tausend Worte"/„sich tief in die Augen schauen"/„die Augen niederschlagen". Lassen Sie sie die Bedeutung der Redewendungen mit eigenen Worten wiedergeben.*

Körperhaltung/Körperorientierung: *Regen Sie zu folgenden Punkten Diskussionen an:*

- *Was meint jemand, wenn er sagt, jemand „sitzt da wie ein Häufchen Elend"? Wie könnte das aussehen?*
- *Was bedeuten die Redewendungen „jemandem auf die Pelle rücken"/„jemanden auf Distanz halten"? Welche Emotionen stecken dahinter? Durch die Auseinandersetzung mit Redewendungen werden die Jugendlichen begreifen, wie selbstverständlich die körpersprachlichen Aspekte des menschlichen Miteinanders in den Alltag integriert sind und wie intuitiv unser Wissen darum ist.*

Stimme: *Lassen Sie die Jugendlichen den Satz „Ich möchte mit dir alleine sein" unterschiedlich betonen, lassen Sie ihn im Tempo und in der Artikulation verändern. Die Zuhörer können die jeweilige Äußerung hinsichtlich Beziehung und Situation der Gesprächspartner interpretieren.*

Die Beziehung zum Gesprächspartner

Es geht bei jeder Art von Kommunikation darum, miteinander in **Verbindung** zu treten, eine **Beziehung** herzustellen, sich zu verstehen. Jeder Kommunikationspartner bringt seine eigenen **Vorstellungen** mit in die Gesprächssituation. Was für den einen gute Musik ist, ist für den anderen lediglich Lärm. Diese Einschätzung hängt von vielen Faktoren ab: dem **Alter**, dem **Status**, der **Erziehung**, **Gefühlen** und **Stimmungen**.

Wie ich mit jemandem in Verbindung trete, hängt aber auch davon ab, wie ich die Beziehung zum Gesprächspartner sehe oder mir wünsche, z.B. in Bezug auf

- Sympathie, Antipathie, Gleichgültigkeit,
- Nähe und Distanz,
- Überlegenheit, Gleichstellung, Unterlegenheit.

Viele Missverständnisse im sprachlichen Umgang miteinander erfolgen daher auf Grund der **unterschiedlichen Interpretation** von Äußerungen. Das **„Eisberg-Modell"** der menschlichen Kommunikation erklärt den Zusammenhang von Inhalts- und Beziehungsfaktoren. Nur etwa 15 % einer Botschaft sind direkt auf der **Sachebene** wahrnehmbar (im Modell: Sichtbar/Bewusstes), nämlich die Information, die verbal und nonverbal vermittelt wird.

Aspekte der **Beziehungsebene** (um was für eine Person handelt es sich bei dem Gesprächspartner; hier: Unsichtbar/Unbewusstes) bleiben im Verborgenen und können nur erraten werden: Was ist ihm wichtig, was sind seine Erfahrungen, in was für einer Stimmung befindet er sich gerade, welche Motive hat er zu kommunizieren oder sich so zu verhalten, wie er es gerade tut?

Anhand eines Beispiels können Sie den Jugendlichen dieses Modell nahebringen.

Person A sagt: Ich trage gern schwarze Klamotten (Sachinhalt).
Auf der Beziehungsebene kann sie damit ausdrücken:

- ich bin traurig
- ich gehöre einer bestimmten Gruppe an
- ich finde, schwarz steht mir am besten
- ich will mich hervorheben

Person B kann auf der Beziehungsebene diese Aussage ganz anders interpretieren:

- der ist langweilig
- der hat kein Geld, um sich moderne Jeans zu kaufen
- der ist bestimmt ein Freak
- der trauert um jemanden
- der ist Rocker

Voreilige Schlussfolgerung könnte sein:
Der ist mir unsympathisch.

Ü *Lassen Sie die Jugendlichen weitere Beispiele zur Illustration des Modells finden.*

Die Jugendlichen sollten sich über Folgendes klar werden: Mit anderen Gespräche zu führen, bedeutet gleichzeitig, sich auf die andere Person einzulassen, sich in sie hineinzuversetzen und die Rolle zu erkennen, die sie in der entsprechenden Situation spielt. Danach kann ich entscheiden, auf welcher Sprachebene ich mich bewege, damit die Kommunikation gelingt.

Wesentliche Faktoren dabei sind:

- der Bekanntheitsgrad,
- die hierarchische Ebene, auf der sich beide befinden (über- , unterlegen, gleichwertig),
- der Altersunterschied,
- der soziale Status.

Kommunikationsabsichten

Um miteinander leben zu können, müssen wir miteinander reden. Das kann aus allerlei Gründen und zu vielerlei Zwecken gewünscht oder notwendig sein. Die Absicht ist jedoch nicht ohne Weiteres zu erkennen.

Am Morgen auf dem Weg zur Schule oder zur Arbeit kommuniziert man mit einigen Menschen vielleicht nur aus Gewohnheit, um zu zeigen, dass man sie wahrnimmt – z.B. beim „Guten Morgen" zum Busfahrer und bei einem Nicken im Fahrstuhl. Das Gespräch hat kein wirkliches Thema und könnte so ablaufen:

A: *Morgen!*
B: *Morgen!*
A: *Und, was geht?*
B: *Alles klar, und bei dir?*
A: *Ja, passt schon!*

Nicht jedem möchten wir anvertrauen, wie unsere persönliche Stimmungslage gerade ist. Oder wir wollen einfach gar nicht kommunizieren, sondern nur unsere

Ruhe. Auch der Fragende erwartet oft keine ausschweifende Antwort. Es ist ein Ritual, ein Höflichkeitsgebot, eine Gewohnheit.

Manchmal entwickelt sich der Dialog so:

A: *Morgen!*
B: *Morgen!*
A: *Und, was geht?*
B: *Voll Mist heute. Habe den Mega-Stress mit meinen Eltern!*
A: *???*

Das Ritual ist plötzlich keins mehr. A ist überrascht und muss nun überlegen, wie er auf die „unerwartete" Antwort von B reagiert. B möchte ihm etwas mitteilen, sich über etwas verständigen. Welche Absicht er damit verfolgt, wird nicht gleich klar. Sucht er Trost? Will er nur seinen Ärger loswerden? Will er Verständnis oder Unterstützung? Vielleicht bittet er um Hilfe?
Was der eine meint und sagt, ist oft für den anderen nicht gleich verständlich. Daher ist es wichtig, dass Sie mit den Jugendlichen die Kommunikationsabsichten, auch Sprechhandlungen genannt, näher betrachten, wenn Sie über dialogische Kommunikation sprechen. Verdeutlichen Sie: Ob eine sprachliche Äußerung, die sie mit einer bestimmten Absicht verknüpfen, erfolgreich ist, hängt ab von der Situation, von der Person, zu der sie etwas sagen, und von der Art und Weise, wie sie sprechen.

Kommunikationsabsichten (S. 32)

Dieses Arbeitsblatt soll die Jugendlichen zum Nachdenken über die unterschiedlichen Sprechhandlungen anregen und darauf aufmerksam machen, wie ihr kommunikatives Verhalten von der Beziehung zum Gesprächspartner abhängt.
Eine Liste mit Sprechhandlungen, die die Jugendlichen sammeln könnten (Aufgabe 1), finden Sie im Lösungsteil (S. 107).

Wenn die Jugendlichen ihre Tabelle auswerten (Aufgabe 3), können Sie ihnen folgende Leitfragen zur Hand geben:

- Welche Rolle spielt das Alter hinsichtlich der Sprechhandlungen?
- Welche Rolle spielt der Bekanntheitsgrad?
- Welche Rolle spielt die hierarchische Ebene?
- Bei wem sprecht ihr am ehesten über Gefühle?

etc.

Natürlich befassen sich die vorliegenden Arbeitsblätter allgemein mit Kommunikationsabsichten: Mit jeder Sprechhandlung möchten wir schließlich etwas Bestimmtes erreichen. Die Situation und die angesprochenen Personen sind für die Formulierung unserer Absicht von entscheidender Bedeutung.

Wie können die Jugendlichen ihr Ziel erreichen? Jedes Gespräch wird sie neu herausfordern. Dennoch gibt es ein paar grundlegende Regeln und Techniken, die für jedes Gespräch anwendbar sind:

- eine gezielte Vorbereitung
- Aktives Zuhören
- angemessenes Agieren und Reagieren durch
  - Ich-Botschaften
  - Schlagfertigkeit
  - Feedback

Diese Techniken werden im Folgenden näher erläutert.

Die Gesprächsvorbereitung

Die Bedeutung der Vorbereitung eines Gesprächs wird oft unterschätzt. Für einige Lebensbereiche, die für das kommunikative Verhalten Jugendlicher entscheidend sind, ist es absolut relevant, ob man gut vorbereitet in einen Dialog oder eine Verhandlung gegangen ist, z.B. bei einer Bewerbung oder einer Verhandlung über die mündliche Note. Oftmals ist eine Vorbereitung nicht zwingend, kann aber den Gesprächsverlauf und die Erreichung des Ziels erleichtern, beispielsweise bei einem Krisengespräch mit den Eltern.

Diese Fragen können bei der Vorbereitung helfen:

1. **Was** ist der **Anlass** des Gesprächs, welche Absicht habe ich?
2. **Wann** und **wo** wird das Gespräch stattfinden?
3. **Welche Themen** möchte ich ansprechen?
4. **Welche Interessen/Ziele** verfolge ich?
5. **Welche Beziehung** habe ich zum Gesprächspartner?
6. **Wie** mache ich einen **guten Eindruck**?

Übungen zur Gesprächsvorbereitung finden Sie auf S. 70, 71/72, 78, 80, 81, 83, 86, 90/91, 92/93, 99.

Aktives Zuhören

Sicherlich kennen Sie Momo, das kleine Mädchen, das „den Menschen die gestohlene Zeit zurückbrachte". Es ist eine bestimmte Fähigkeit, die bewirkt, dass Momo viele, viele Freunde hat: „Wirklich zuhören", heißt es im Roman, „können nur ganz wenige Menschen. Und so wie **Momo** sich aufs **Zuhören** verstand, war es ganz und gar einmalig."[1] Je nach (Lern)Gruppe können Sie das Thema „Aktives Zuhören" mit der Passage im 2. Kapitel einleiten, in der Momos Fähigkeit näher erläutert wird (S. 14). Die Jugendlichen werden feststellen, dass es sich beim richtigen, beim Aktiven Zuhören um eine wertvolle Eigenschaft handelt, die vieles bewirken kann.

Beim Aktiven Zuhören sollte der Zuhörer zeigen, dass er sich auf den anderen **einlässt**. Der Zuhörer fühlt sich in den anderen hinein und bestätigt, dass er „ganz dabei" ist, durch verschiedene Reaktionen. Er kann damit eine bestehende Beziehung festigen oder eine noch nicht erkennbare aufbauen. Aktives Zuhören bedeutet viel mehr als nur hören oder zuhören.

Aktives Zuhören bedeutet:

- sich in den anderen **hineinversetzen**,
- dem Sprecher die **volle Aufmerksamkeit** schenken,
- auf **Bemerkungen** achten,
- die **Gefühlslage** des anderen erspüren,
- auf **Inhalt** und **Körpersprache** achten,
- das gegenseitige Verstehen durch **Rückmeldungen** und **Zusammenfassen** fördern.

Aktives Zuhören zeigt sich dadurch, dass der Zuhörer den Sprechenden während der Erzählung nicht unterbricht. In den Gesprächspausen können die Redenden klären, ob der Sprecher richtig verstanden wurde, um Missverständnissen vorzubeugen; das schafft Vertrauen.

Folgende Aspekte gehören zum Aktiven Zuhören:

1. **Ganz bei der Sache sein:** Für denjenigen, der das Gespräch veranlasst, ist es wichtig, dass er das Gefühl hat, dass ihm der Gesprächspartner uneingeschränkt zuhört. Absolut tabu sind daher: Stöpsel im Ohr, parallel SMS schreiben oder Bildchen malen.
2. **Blickkontakt und Körperhaltung:** Der Zuhörer sollte stets versuchen, mit dem Sprecher Blickkontakt zu halten. Gesicht und Körper sollten ihm zugewandt sein. Das zeigt Interesse.
3. **Wiederholen des Gehörten:** Damit der Zuhörer wirklich versteht, was der Sprecher sagt, kann er bei Gelegenheit das Gehörte, den Sachinhalt, mit eigenen Worten wiederholen.
   Z.B.: „Habe ich das richtig verstanden, dass …?", „Meinst du, dass …?"
4. **Interessiert nachfragen:** Während bestimmter Phasen eines Gesprächs kann es nötig werden, zu signalisieren, dass der Zuhörer noch am Sprechenden und seinen Worten interessiert ist.

---

[1] *Ende, Michael: Momo. Stuttgart, 2005. ISBN: 978-3-5221-7750-4. 2. Kapitel*

Dies kann er zeigen, indem er nachfragt, beispielsweise so: „Kannst du das noch genauer erklären?", „Wie war das? Da möchte ich Näheres wissen ...".

5. **Gefühle ansprechen:** Zum Aktiven Zuhören gehört auch, die Gefühle des Sprechers zu erkennen und sie anzusprechen, z.B.: „Ich glaube, dir geht's grad echt dreckig!" oder „Das scheint dir Spaß gemacht zu haben!"

Ein aktiver Zuhörer wird den Sprechenden nicht ohne Grund unterbrechen und das Gesagte erst interpretieren oder beurteilen, wenn der Sprechende darum bittet. Jeder von uns kennt Gerüchte. Sie entstehen dadurch, dass ein Sprecher eine Geschichte erzählt und der Zuhörer nur mit „halbem Ohr" zuhört oder in irgendeiner Form abgelenkt ist. Ein aktiver Zuhörer wird das ihm Erzählte möglicherweise ohne großen Informationsverlust weitergeben können. Die folgende Übung zum Thema „So entstehen Gerüchte" verdeutlicht auf anschauliche Weise, dass wir beim Zuhören oft nicht bei der Sache sind.

Ü *Fünf Jugendliche verlassen den Raum. Ein Text (Anhang 1, S. 40) wird einem sechsten Schüler vorgelesen. Dieser erzählt die Geschichte dem ersten Teilnehmer, der von draußen hereingerufen wird. Dann werden nach und nach alle anderen hereingeholt und hören die Geschichte jeweils vom Vorgänger. Der letzte Teilnehmer berichtet dann allen anderen, was er „gehört" hat. Im Anschluss dürfen auch die fünf Spielteilnehmer die Originalgeschichte hören. Am besten spielen Sie dieses Spiel vor der Einheit zum Aktiven Zuhören! Diskutieren Sie im Anschluss mit den Jugendlichen, wie es zu dem Informationsverlust und der unterschiedlichen Wiedergabe der Geschichte kommen konnte. Nach der Behandlung des Themas können sie es selber beantworten: Was wäre anders gelaufen, wenn der Zuhörer „Aktiv zugehört" hätte?*

Mit „Fortgeschrittenen" können Sie dann das folgende Arbeitsblatt behandeln:

Aktives Zuhören (S. 33)

Angemessenes Agieren und Reagieren

Nicht jedes Gespräch gibt Anlass zu Aktivem Zuhören. Auf das Äußern einer Bitte oder einer Aufforderung hin erwartet der Sender keinen langen Dialog, sondern eine Handlung.
Und obwohl es normalerweise nicht um komplexe Sachverhalte geht, gibt es im Bereich der „Face-to-Face"-Kommunikation gerade in diesen Bereichen die größten Missverständnisse. Das passiert z.B., wenn die Kommunizierenden die allgemein geltenden Höflichkeitsregeln nicht beachten, die Situation nicht richtig einschätzen oder die Beziehung zum Gesprächspartner nicht erkannt wird.

Ich-Botschaften

Oft lassen sich Konflikte in Gesprächen vermeiden, wenn wir unsere Botschaft, nämlich einen Wunsch oder eine Aufforderung, nicht als **Du-Botschaft** formulieren, sondern als **Ich-Botschaft**.

Beispiele für **Du-Botschaften**:

- „Deine Socken liegen wieder hier herum!"
- „Sie kommen schon wieder zu spät!"
- „Du hörst mir nie zu!"
- „Du nervst die ganze Zeit!"

Hinter diesen Aussagen verstecken wir unser eigentliches Anliegen, nämlich z.B.: „Räum bitte auf!" oder: „Ich möchte, dass Sie pünktlich zur Arbeit kommen". Mit der Du-Botschaft erreichen wir jedoch meistens das Gegenteil, weil sie in der Regel vom Empfänger als **Herabsetzung** oder **Ablehnung** empfunden wird und die Reaktion nicht wie gewünscht erfolgt, sondern

Widerstand und Widerrede hervorruft, was in der Folge ein Streitgespräch provoziert.

Ü Du-Botschaften als „Killerphrase"

Botschaften, die als „Killerphrasen" formuliert werden, sind nicht sachlich, sondern emotional, und wollen den anderen an einem wunden Punkt treffen – entweder, um ein Verhalten auszulösen oder um eines zu unterdrücken. Häufig verwendete Killerphrasen sind:

- *Das funktioniert doch nie!*
- *Das haben wir noch nie so gemacht!*
- *Du hast ja keine Ahnung!*
- *Du störst, merkst du das nicht?*
- *Typisch Anfänger!*
- *Das ist doch kompletter Blödsinn!*
- *Du machst, was ich sage, basta!*

Der Empfänger ist verletzt oder frustriert und wütend. Lassen Sie die Jugendlichen diskutieren, warum diese Sätze als „Killerphrasen" bezeichnet werden. Was „killen" sie? Kennen die Jugendlichen andere Beispiele, Bemerkungen von Mitmenschen, die sie so ärgern, dass sie am liebsten gar nicht antworten und die Kommunikation somit verhindern?

Ich-Botschaften dagegen teilen offen und konkret mit, was ich mir vom Gesprächspartner wünsche. Das Erkennen von unangemessenen Du-Botschaften und das Formulieren von Gesprächsabsichten als Ich-Botschaft sind ein grundlegendes sprachliches Mittel, das die Jugendlichen in allen Lebensbereichen einsetzen können, damit Kommunikation besser gelingt.

Bestandteile von Ich-Botschaften (S. 34/35)

Das Formulieren in Ich-Botschaften erscheint kompliziert und klingt umständlich. Aber allein das Bewusstmachen der unterschiedlichen **Wirkung**, ob ich so oder so formuliere, ist schon ein großer Schritt in Richtung eines vertrauensvollen Gesprächsverlaufs. Ein paar Übungen sollen die drei Bestandteile einer Ich-Botschaft verdeutlichen. Lösungsvorschläge finden Sie auf S. 107.

Am besten vertiefen Sie die Theorie anschließend durch einige praktische Übungen: Das Umgehen mit dem Instrument im Einzelnen wird im praktischen Teil mittels folgender Arbeitsblätter geübt:

Kapitel:	Arbeitsblatt:
Schule/Freunde:	Ausnutzen, S. 59/60
Elternhaus:	Geld zurückfordern, S. 64
	Beleidigungen, S. 65
	Eine Einladung ablehnen, S. 66
	Medienkonsum, S. 68
Beruf/Job:	Ehrlich oder unehrlich, S. 101

Und weil uns in der entsprechenden Situation selten eine spontane, sinnvolle und nützliche Reaktion einfällt, ist es sinnvoll, sich in diesem Zusammenhang mit dem Thema Schlagfertigkeit zu befassen.

Schlagfertigkeit

Im **richtigen Moment** das **Richtige** sagen können, dem anderen eine treffende Antwort geben, das ist Schlagfertigkeit. Einige Menschen schaffen es – idealerweise humorvoll –, spontan auf Äußerungen zu reagieren. Anderen fällt erst einige Zeit später ein: „Mensch, das hätte ich sagen können!" Manche Äußerungen machen uns schlichtweg „sprachlos", weil wir überrascht und verunsichert sind oder uns angegriffen fühlen.

Wer sich in Schlagfertigkeit üben will, braucht zunächst **Selbstbewusstsein**. Sich seiner Stärken und Interessen bewusst zu sein und positiv zu denken, sind wichtige Voraussetzungen, um souverän und spontan reagieren zu können. Dazu gehört selbstverständlich auch die passende **Körpersprache**: Ein offener, direkter Blickkontakt und eine sichere aufrechte Körperhaltung. Eine schlagfertige Antwort soll schnell erfolgen und darf den anderen nicht verletzen oder lächerlich machen – das wäre nur eine billige Retourkutsche. Mit Schlagfertigkeit will man nicht jemanden erschlagen oder fertigmachen, sondern man ist bereit, zu reagieren, man gibt sich nicht geschlagen – in peinlichen Situationen oder wenn man Opfer eines verbalen Angriffs wird.

Schlagfertigkeit können die Jugendlichen trainieren. Ein paar Techniken, die nicht aggressiv wirken, sollen kurz behandelt werden. Bei der Beschreibung der Methoden wird der Initiator des Gesprächs Aggressor genannt.

1. **Kurze Antwort:** Der Angegriffene gibt nur eine kurze Antwort, wie: „Interessant", „Ah ja?", „Oohh" oder „Tatsächlich!"
2. **Hörfehlermethode:** Der Angegriffene wiederholt die Worte des Aggressors in einer Rückfrage. Im seltensten Fall wird er seinen Satz wörtlich wiederholen. Wenn doch, hat der Gesprächspartner zumindest Zeit gewonnen, um angemessen zu antworten.
3. **Schweigen und Abwarten:** Eine Technik, die Jugendlichen oft schwerfällt, da sie spontan und cool auf eine Beleidigung oder Aufforderung reagieren wollen. Aber sie ist einfach. Der Angegriffene antwortet zunächst gar nicht, sondern schaut dem Aggressor nur direkt in die Augen. Durch entsprechende Mimik (Stirnrunzeln) oder Gestik (Schulterzucken) fordert er ihn zum Weitersprechen auf.
4. **Zustimmen und Übertreiben:** Mit dieser Technik wird der Aggressor zunächst selbst überrascht, z. B.: „Da gebe ich dir voll Recht … dass du das gleich merkst!"
5. **Kompliment:** Manchmal kann der Angegriffene mit einem Kompliment antworten. Das fällt schwer in einer Situation, in der man wütend oder verletzt ist. Aber es ist eine sehr wirkungsvolle Technik, um auf verbale Angriffe zu reagieren: „Ja, deine Frisur ist tatsächlich viel toller!"
6. **Offen lassen:** Dem Aggressor wird durch ein nebensächliches „Kann sein!" oder: „Vielleicht …" der „Wind aus den Segeln genommen".
7. **Nachfragen/dumm stellen:** „Meinst du bescheuert wie bescheuert?"/„Und weiter?" Auch hier wird dem Aggressor im Zweifelsfall bald die Lust vergehen, näher auf seinen Angriff einzugehen.
8. **Hinterfragen:** Wenn der Angegriffene ruhig nachfragt, warum ein solcher Angriff überhaupt nötig/ob er gerechtfertigt ist, werden dem Aggressor wahrscheinlich schnell die Argumente ausgehen. „Warum sagst du das? Ich finde nicht, dass du damit Recht hast …"
9. **Spiegeln:** Manchmal ist das Verhalten des Aggressors relativ durchschaubar. Dann kann es helfen, wenn der Angegriffene ihm einfach einen Spiegel vorhält: „Ehrlich gesagt könnte ich mir vorstellen, dass du das sagst, weil du in Wirklichkeit ein ganz anderes Problem hast: …" (Vorsichtig formulieren, Verletzungen vermeiden!)
10. **Ich-Botschaft:** Der Angegriffene berichtet von seinen Gefühlen. „Das hat mich verletzt, ich finde es nicht fair, wie du mit mir sprichst!"

Nicht jeder wird es lernen, diese Techniken situationsgerecht einzusetzen. Denn nicht jeder bringt die wichtigen Grundvoraussetzungen wie **schnelles Denkvermögen, Konzentrationsfähigkeit, Sprachkompetenz, Fantasie, Kreativität und logisches Denken** mit in ein Gespräch. An dieser Stelle bietet sich ein Spiel zur allgemeinen Verbesserung des Sprechdenkens und der Kreativität an. (Spezielle Übungen für schlagfertige Antworten finden Sie im Praxisteil auf S. 62 und 65).

Ü ***Vortragsspiel:***

Bereiten Sie für die Gruppe Kärtchen mit einfachen Themen vor, zu denen jeder etwas sagen kann. Das könnten sein:

- *Ich kann Biologie nicht leiden*
- *Ich hasse den Winter*
- *Freitagabend im Kino*
- *Ich muss heute nachsitzen*
- *Mein Vater ist sauer auf mich*
- *Wann sind endlich Sommerferien*

Jeder Jugendliche zieht eine Karte und schreibt zu dem Thema acht bis zehn Stichworte auf die Karte, die ihm spontan einfallen. Nun werden die Karten gemischt und so verteilt, dass niemand sein Thema in der Hand hält. Nach einer kurzen Bedenkzeit kommen die Jugendlichen nacheinander nach vorne und halten einen Kurzvortrag zu dem Thema. Dabei müssen sie die Begriffe benutzen, die auf der Karte stehen. Diskutieren Sie im Anschluss mit den Schülern über ihre Erfahrungen. Wie schwierig war es, aus dem Stand einen Vortrag zu halten? Wie war das Reden vor der Klasse ohne Vorbereitung? Wird es in einer zweiten Runde vielleicht schon besser funktionieren?

Feedback

Um das eigene Verhalten zu verbessern, sind wir auf Feedback, eine Rückkoppelung, angewiesen. Nicht nur nach einem Referat oder einem Vortrag, sondern manchmal auch nach einem Gespräch. Wir wollen wissen, ob unsere Kommunikationsabsicht erfolgreich vermittelt wurde oder warum das Gespräch gescheitert ist. Für ein konstruktives Feedback gibt es Regeln, die den Jugendlichen als Handwerkszeug dienen sollen, wenn sie mit den Arbeitsblättern arbeiten. Die größte Kunst des Feedbacks ist: Ich sage einem Menschen, wie ich ihn sehe und beobachte – nicht wie er ist –, ohne ihn dabei zu verletzen. Den Jugendlichen muss klar sein, dass niemand perfekt ist und es immer etwas zu verbessern gibt.

Feedback sollte daher immer

- **konstruktiv** sein, z.B.: „Beim nächsten Mal könntest du …"
- **beschreibend** und **konkret** sein, z.B.: „Deine Augen sind oft zum Boden gewandert …"
- **subjektiv formuliert** sein, z.B.: „Mir ist aufgefallen, dass …"
- **nicht negativ** formuliert sein, z.B. „Ich habe nicht immer alles verstanden…", statt: „Du warst zu leise!"
- als **Ich-Botschaft** formuliert werden, z.B.: „Ich fand ganz toll, dass …"

Feedback zu empfangen, sollten die Jugendlichen als Chance erkennen, ihr eigenes Verhalten zu verbessern. Daher gilt:

- **Den anderen ausreden lassen!** Erst wenn ein Feedback abgeschlossen ist, weiß ich, was der andere mir sagen will.
- **Sich nicht rechtfertigen oder verteidigen!** Jeder sollte die Meinung des anderen hinnehmen und auch daraus lernen können.
- **Dankbar sein für Feedback!** Denn jede Rückkopplung hilft, sicherer und kompetenter im Auftreten zu werden.

Feedback-Formular (S. 36)

Mit Hilfe des Formulars lassen sich immer wieder Feedback-Übungen bei den Rollenspielen oder Dialogen einschieben.

Medienkommunikation

Neben der Kommunikation in einem persönlichen Gespräch spielen im Zuge der Technisierung und Globalisierung Kommunikationsmedien eine immer größere Rolle.

Wichtig sind für uns vor allem die so genannten **Massenmedien**, die von vielen Menschen unabhängig von Alter und sozialem Stand genutzt werden können, wie Bücher, Zeitungen, Zeitschriften, Rundfunk und Fernsehen. Durch die schnelle Entwicklung der Technik, insbesondere der Speichermedien, sind wir heute in der Lage, rund um die Uhr mit Personen auf der ganzen Welt zu kommunizieren. Das tun wir mit dem Computer und entsprechendem Zubehör, den so genannten **Neuen Medien**.

Während die meisten Menschen die Neuen Medien vorrangig als Informationsquelle nutzen, sind Jugendliche eher daran interessiert, sich mittels neuer Technologien mit anderen Menschen auszutauschen. Sie verbringen einen Großteil ihrer **kommunikativen Zeit** mit der Nutzung von technischen Kommunikationsmitteln: E-Mail, Handy, Chatrooms. Weitere Nutzungszwecke **ohne Kommunikation** sind Computerspiele, Fernsehen oder das Hören von Musik über das Internet. Aber auch **Lernprogramme** finden mehr und mehr Zuspruch bei Jugendlichen. Durch eBay® und die hohe Werbepräsenz im Internet spielt zunehmend auch das **Einkaufen** per Internet (E-Commerce) eine große Rolle.

Einige Arbeitsblätter im praktischen Arbeitsteil (S. 78, 90) werden sich unter anderem mit dem Internet auseinandersetzen. Das gilt vorrangig für die Bereiche Informationen und Buchen.
Das Telefongespräch wird ebenfalls ein Bestandteil sein (S. 78, 79, 80, 85, 86, 87, 90/91, 92/93, 99)

Für die Diskussion über die Vielfalt der Kommunikationsmedien und deren unterschiedliche Nutzung bietet sich das folgende Arbeitsblatt an:

Welches Medium zu welchem Zweck? (S. 37)

Redewendungen zum Thema „Kommunikation"

Dass sich die Menschen schon lange mit den Problemen und Auswirkungen von kommunikativem Verhalten auseinandersetzen, belegen viele **Redewendungen**, die wir benutzen, wenn wir über das Gelingen oder Misslingen von Gesprächen nachdenken. Sie beschäftigen sich mit der Körpersprache, den verschiedenen Phasen des Kommunikationsprozesses, aber auch mit der Rolle der Gesprächspartner.
Zum Abschluss des „Basics"-Teils bietet sich ein kleiner Test an. In welcher Redewendung erkennen die Jugendlichen den kommunikativen Aspekt? Was meint der „Volksmund", wenn er von „Hier rein – da raus" spricht?

Test – Redewendungen (S. 38)

Lösungsvorschläge für dieses Arbeitsblatt finden Sie auf S. 107.

„Reden wie ein Wasserfall"

Zusammenfassung: Die wichtigsten Regeln für angemessenes Kommunizieren

Wer ein Gespräch – unabhängig mit welchem Inhalt – führen will oder muss, sollte zuerst überlegen:

- mit welcher **Absicht** spreche ich den anderen an,
- in welcher **Beziehung** stehe ich zu dem Gesprächspartner,
- in welcher **Situation** kann oder wird das Gespräch stattfinden,
- in welcher **Gefühlslage** befinden sich beide Gesprächspartner.

Eine Botschaft kommt nicht automatisch so an, wie sie gemeint ist. Für das Gelingen eines Gesprächs sind Sender und Empfänger gleichermaßen verantwortlich. Mit Hilfe der zu Beginn erstellten Mind Map® „Kommunikation" (S. 9) und den vermittelten theoretischen „Basics" können die Jugendlichen nun eine Liste erstellen, in der sie die wichtigsten Gesprächsregeln aufstellen.

So könnte sie aussehen:

- gut vorbereiten/sich über sein Ziel klar werden
- Höflichkeitsregeln beachten
- verständlich und sachlich reden
- die richtige „Sprache" benutzen/sich über die Rollen klar werden
- sich in den anderen hineinversetzen
- einander Aktiv zuhören
- den anderen ausreden lassen
- Gefühle ansprechen
- Ich-Botschaften formulieren
- Feedback geben und annehmen
- nachfragen, wenn man etwas nicht verstanden hat
- die eigene Meinung sagen, ohne zu verletzen
- auf die eigene und die gegenseitige Körpersprache achten

Nicht in jedem Gespräch wird das Einhalten aller Regeln gleich wichtig sein. Der Einsatz wird von der Reaktion des Partners abhängen.

Die Kommunikationswissenschaftler Richard Bandler und John Grinder[1] bringen es auf den Punkt: „Der Sinn eurer Kommunikation ist die Reaktion, die ihr bekommt. Wenn ihr bemerkt, dass das, was ihr bekommt, nicht dem entspricht, was ihr wolltet, so verändert das, was ihr gerade tut."[2]

[1] geboren 1950/1940 in den USA, beide Mitentwickler der so genannten „Neurolinguistischen Programmierung", eines Verfahrens der Kurzzeittherapie. Diese Therapie stellt das Trainieren erfolgreicher Kommunikationsmuster in den Vordergrund.

[2] Bandler, Richard/Grinder, John: Neue Wege zur Kurzzeittherapie. Paderborn, 2007. ISBN: 978-3-8738-7193-9. S. 82

TEIL I BASICS

Arbeitsblätter

Test: Mein Kommunikationsverhalten

Lies die unten stehenden Fragen sorgfältig durch. Für die Beantwortung verteilst du Punkte auf einer Skala von 0 (trifft gar nicht zu) bis 5 (trifft voll zu). Zähle anschließend deine Punkte zusammen.

1. Es fällt mir schwer, fremden Menschen bei der Begrüßung in die Augen zu schauen.

   Punkte: ☐

2. Wenn ich mich mit einem Menschen gestritten habe, dauert es lange, bis ich ein klärendes Gespräch suche.

   Punkte: ☐

3. Wenn ich im Unterricht etwas nicht verstanden habe, frage ich lieber nicht nach, sonst denken die anderen, ich sei blöd.

   Punkte: ☐

4. Wenn ich jemanden trösten will, fallen mir oft nicht die richtigen Worte ein.

   Punkte: ☐

5. Wenn ich einen Arzttermin brauche, bitte ich meine Eltern darum, dort anzurufen.

   Punkte: ☐

6. Wenn ich Probleme habe, mache ich die mit mir selbst aus. Die anderen würden mich ja doch nicht verstehen.

   Punkte: ☐

7. Wenn mir etwas nicht passt, brauche ich eine Weile, bis ich mich traue, etwas zu sagen. Vielleicht halte ich auch den Mund.

   Punkte: ☐

8. Wenn Erwachsene meinen, sie wüssten alles besser, reg ich mich echt auf, und dann fallen mir keine guten Argumente mehr ein. Dann schimpf ich nur noch rum.

   Punkte: ☐

9. Es ist mir sehr wichtig, was Menschen für Kleider tragen. Wenn sie z.B. Markenklamotten tragen, sagt das schon eine Menge über sie aus.

   Punkte: ☐

10. Wenn ich ein wichtiges Gespräch vor mir habe, bin ich oft schon Stunden vorher unruhig.

    Punkte: ☐

11. Wenn meine Eltern anfangen, an mir herumzumeckern, verschwinde ich sofort in mein Zimmer, dann habe ich meine Ruhe.

    Punkte: ☐

12. Nach einem Telefongespräch stelle ich oft fest, dass ich die wichtigste Frage vergessen habe.

    Punkte: ☐

13. Wenn ich den Satz: „Setz dich ordentlich hin!" höre, reagiere ich schon gar nicht mehr.

    Punkte: ☐

14. Auf Partys stehe ich oft abseits. Das belanglose Gequatsche interessiert mich nicht.

    Punkte: ☐

15. Per E-Mail oder SMS kann ich mich viel besser ausdrücken.

    Punkte: ☐

Auswertung: Mein Kommunikationsverhalten

51–75 Punkte

In vielen Situationen scheinst du dir nicht sicher zu sein, wie du dich richtig verhalten sollst. Vielleicht hast du Angst, etwas falsch zu machen und dafür ausgelacht oder abgelehnt zu werden. Wenn du dich im Folgenden mit den verschiedensten Möglichkeiten der Kommunikation beschäftigst, wirst du merken, dass es oft einfacher ist, als du denkst, ein Gespräch so zu führen, dass es auch für dich erfolgreich ist. Du musst es nur wollen!

26–50 Punkte

Du scheinst in einigen Situationen schon ein recht sicheres Gespür dafür zu haben, wie man gut mit anderen Menschen kommuniziert. In einigen Bereichen aber scheinst du nicht den richtigen Weg zu finden, damit ein Gespräch für dich positiv verläuft. Die unterschiedlichen Arbeitsblätter werden dir schnell zeigen, wo du noch Schwierigkeiten hast und wie du dich verbessern kannst. Du bist auf einem guten Weg!

0–25 Punkte

Deine kommunikativen Fähigkeiten sind schon sehr gut ausgeprägt. In den meisten Situationen erkennst du, wie du dich verhalten musst, damit ein Gespräch erfolgreich beginnt und endet – für alle Kommunikationspartner. Du wirst bei der Bewältigung der Fallbeispiele auf den Arbeitsblättern aber sicher noch einiges über dich und dein kommunikatives Verhalten erfahren, dass du verbessern kannst. Weiter so!

Ein ganz normaler Tag

1. **Jeden Tag triffst du viele Menschen. Erstelle in deinem Heft eine Tabelle, in der du festhältst, wie sich ein durchschnittlicher Wochentag bei dir kommunikativ gestaltet. Wann sprichst du mit wem? Wie sprichst du? Im persönlichen Gespräch, übers Internet? Teile dabei den Tag in vormittags, nachmittags und abends ein, damit du deine Ergebnisse detailliert festhalten kannst. So könnte deine Tabelle beginnen:**

Vormittags

Uhrzeit	Ort/Situation	Mit wem	Absicht/Anlass	Wie
Ca. 6.30	Zuhause	Eltern/Geschwister	Frühstück	Gespräch
...	...	...	...	...

Nachmittags

Uhrzeit	Ort/Situation	Mit wem	Absicht/Anlass	Wie
15.00	Zuhause	Freunden	Verabredung	Handy/Internet

Abends

Uhrzeit	Situation	Mit wem	Absicht/Anlass	Wie
19.00	Zuhause	Eltern/Geschwister	Abendessen	Gespräch

2. **Sieh dir nun deine Tabelle noch einmal an, und beantworte die folgenden Fragen. Beachte: Natürlich kannst du nur ca.-Werte angeben, mal in Stunden, mal in Minuten!**
   - ▶ Wie viele Stunden am Tag verbringst du durchschnittlich mit persönlichen/direkten Gesprächen, also „Face-to-Face"? ▶ ________ Stunden
   - ▶ Wie viele davon mit Erwachsenen? ▶ ________ Stunden
   - ▶ Wie viele mit Jugendlichen? ▶ ________ Stunden
   - ▶ Wie viele Minuten unterhältst du dich über das Handy (zähle auch das Schreiben von SMS hinzu)? ▶ ________ Stunden/Minuten
   - ▶ Wie viele Minuten/Stunden chattest du im Internet? ▶ ________ Stunden/Minuten
   - ▶ Wie viele Gespräche führst du, die länger als 5 Minuten am Stück dauern? ▶ ________ Gespräche

3. **Versuche anhand der Tabelle und der Antworten unter 2., dein Kommunikationsverhalten zu beschreiben.**
   Was für ein Kommunikationstyp bist du? Hier sind einige Adjektive, die dir helfen können: *offen/zurückhaltend, mitteilsam/schweigsam, modern/traditionell, sicher/unsicher, forsch/vorsichtig …*
   Trifft das Adjektiv nur einigermaßen zu? Oder ganz? Verwende auch Wörter wie: *Eher, total …*

4. **Diskutiert, inwiefern sich die Angaben ändern, wenn eure Eltern diese Tabelle ausfüllen würden!**

© Verlag an der Ruhr | Postfach 10 22 51 | 45422 Mülheim an der Ruhr | www.verlagruhr.de | ISBN 978-3-8346-0499-6

i Der Kommunikations-Wissenschaftler Friedemann Schulz von Thun unterscheidet vier Kommunikationsebenen, die eine Nachricht haben kann. Er nennt sie „die vier Seiten einer Nachricht". Jede Nachricht wird alle vier Seiten haben, aber: Je nach Situation wird der Sprecher durch Wortwahl, Tonfall, Gestik/Mimik die Ebenen unterschiedlich gewichten, und der Hörer wird bestimmte Ebenen schneller erkennen. Im Folgenden werden sie anhand eines Beispiels erläutert.

Beispiel:

Mutter zu Sohn: „Dein Fahrrad ist mal wieder total schmutzig!"

Sachinhalt: *Was ist der Sachverhalt? Worüber redet der Sender (= Sprecher)? Was will er inhaltlich aussagen?*
→ Hier geht es um die ausgesagten Fakten.
Im Beispiel: „Das Fahrrad ist zum wiederholten Male total verdreckt."
(Im Beispiel liegt das Hauptgewicht auf der Ebene „Sachinhalt".)

Selbstkundgebung: *Was gibt der Sender bewusst oder unbewusst von sich preis? Was erfährt der Empfänger über ihn? Was fühlt der Sender?*
→ Hier geht es um die Person des Sprechers.
Im Beispiel: „Ich ärgere mich darüber, dass du dein Fahrrad nie putzt."

Beziehung: *Wie stehen die Gesprächspartner zueinander? Was hält der Sender in diesem Moment vom Empfänger (= Zuhörer)?*
→ Hier geht es um die Gesprächspartner.
Im Beispiel: „Ich bin deine Mutter und gebe dir eine Anweisung. Dein Verhalten nervt mich."

Appell: *Was will der Sender beim Empfänger (= Zuhörer) erreichen? Was soll er tun oder unterlassen?*
→ Hier geht es um die Absicht des Sprechers.
Im Beispiel: „Mach bitte regelmäßig dein Fahrrad sauber."

Frau Meier arbeitet an drei Tagen in der Woche, um die Familienkasse aufzubessern. An diesen Tagen sollen die Kinder das Essen wärmen und pünktlich den Tisch decken, denn die Mittagspause von Frau Meier ist nur kurz. Heute haben die Kinder zum wiederholten Male nicht rechtzeitig angefangen. Frau Meier kommt nach Hause und könnte folgende Sätze zum gleichen Thema aussprechen:

a) Der Tisch ist noch nicht gedeckt.

b) Wir können nicht pünktlich anfangen, zu essen.

c) Ich kann mich nicht auf euch verlassen.

d) Deckt sofort den Tisch.

e) Ich bin stinksauer.

f) In Zukunft erwarte ich, dass unsere Abmachung klappt und ihr rechtzeitig anfangt.

g) Ich bin wirklich enttäuscht von euch.

h) Der Fernseher war euch mal wieder wichtiger.

1. **In welchen Sätzen …**
   … erkennt man deutlich, „was Sache ist"? (Sachinhalt)
   … erfahren wir etwas über Frau Meiers Gefühle? (Selbstkundgebung)
   … spricht Frau Meier aus, was sie von ihren Kindern hält? (Beziehung)
   … macht sie klar, wozu die Kinder aufgefordert sind? (Appell)
2. **Manchmal erkennt man mehr als nur eine Botschaft! Habt ihr die Sätze unterschiedlich zugeordnet? Oder wart ihr euch einig? Diskutiert in der Gruppe darüber.**

1. **Finde in den unten stehenden Beispielen heraus, was der Sender mitteilt. Im Beispiel siehst du, wie's geht. Beachte: Nicht jede Ebene ist gleich deutlich zu erkennen!**

   a) Der Lehrer zum Schüler: „Du kaust ja schon wieder Kaugummi in meinem Unterricht!"

   Sachinhalt: ______

   Selbstkundgebung: ______

   Beziehung: ______

   Appell: ______

   b) Ein Schüler zum anderen: „Warum gehst du nicht an dein Handy?"

   Sachinhalt: ______

   Selbstkundgebung: ______

   Beziehung: ______

   Appell: ______

   c) Das Kind zur Mutter: „Die Nudeln sind ja ganz kalt!"

   Sachinhalt: ______

   Selbstkundgebung: ______

   Beziehung: ______

   Appell: ______

Beispiel:

Ein Vater kommt nach Hause und sagt zu seinem Kind:
„Schon wieder liegen deine Schuhe im Weg herum!"
Sachinhalt: Schuhe liegen im Gang.
Selbstkundgebung: Ich ärgere mich zum wiederholten Mal darüber.
Beziehung: Du bist total unordentlich, das kann ich als dein Vater nicht akzeptieren.
Appell: Räum die Schuhe weg!

2. **Achte in den nächsten Tagen verstärkt auf die unterschiedlichen Kommunikationsebenen in Aussagen von deinen Freunden oder zu Hause. Was drückt der Sender aus? Welche Ebene erkennst du am ehesten?**

3. **Werte aus: Auf welchem „Ohr" hörst du am besten? Hörst du, was dein Gesprächspartner von sich und über sich kundgibt? Achtest du zunächst darauf, was der andere von dir hält? Oder achtest du vor allem auf die Fakten? Berichte in der Gruppe von deinen Erfahrungen.**

© Verlag an der Ruhr | Postfach 10 22 51 | 45422 Mülheim an der Ruhr | www.verlagruhr.de | ISBN 978-3-8346-0499-6

Sprechen in verschiedenen Situationen (1/2)

i *Sprache kann man in verschiedene Ebenen unterteilen. Je mehr Sprachebenen du beherrschst, desto besser kannst du dich auf die Gesprächssituationen im Alltag einstellen: Eine erfolgreiche Verständigung hängt nämlich ganz maßgeblich davon ab, ob du die „richtige" Sprache sprichst (also die richtige Sprachebene wählst) – eine, die der Situation angemessen ist und die dein Gesprächspartner versteht.*

Hauptsächlich werden folgende Ebenen unterschieden:

1. **Standardsprache** (auch Schriftsprache): Sie gilt (im Gegensatz zur Umgangs- oder Jugendsprache) als die Sprache, die in der Öffentlichkeit gesprochen wird. Es ist die Sprache, die wir in der Schule lernen und in Büchern und öffentlichen Texten finden. Sie ist allgemein verständlich und sollte sachlich und grammatikalisch richtig sein. Diese Sprache sollte jeder beherrschen.
2. **Umgangssprache:** Diese „Sprache" ist die Sprache, die im privaten Umfeld gesprochen wird – mit den Menschen, mit denen man „Umgang" pflegt. Die Umgangssprache enthält oft Dialekt (Mundart) oder Modewörter und regionale Redewendungen.
3. **Fachsprache:** Berufe erfordern heute oft ein sehr spezielles Wissen. In vielen Bereichen haben sich Fachsprachen entwickelt, so z.B. im Finanzwesen, in der Medizin oder im Bereich der Informationstechnologie (= IT, z.B. computer-spezifisches Wissen). Bei behördlichen Texten spricht man von „Beamtendeutsch". Der Ausdruck „Fachchinesisch" zeigt, dass eine Fachsprache nicht von allen Menschen, sondern nur von bestimmten (informierten) Gruppen verstanden wird.
4. **Jugendsprache:** Jede Gruppe entwickelt ihre eigene Sprache. Wer die Sprache der Gruppe beherrscht, gehört dazu, ist „in". Die Jugendsprache verändert sich ständig, daher haben Erwachsene oft Verständnisschwierigkeiten, wenn sie einem Gespräch unter Jugendlichen zuhören.

Beispiel:

Der Unterschied wird deutlich, wenn man den folgenden Gesetzestext (Fachsprache) in die anderen Sprachen überträgt:

Fachsprache:

„§ 9 Alkoholische Getränke:

(1) In Gaststätten, Verkaufsstellen oder sonst in der Öffentlichkeit dürfen

1. Branntwein, branntweinhaltige Getränke oder Lebensmittel, die Branntwein in nicht nur geringfügiger Menge enthalten, an Kinder und Jugendliche,
2. andere alkoholische Getränke an Kinder und Jugendliche unter 16 Jahren weder abgegeben noch darf ihnen der Verzehr gestattet werden."

(Quelle: Jugendschutzgesetz, (JuSchg), § 9, (1), vom 23. Juli 2002 (BGBl.I 2730), zuletzt geändert am 20. Juli 2007 (BGBl. I S. 1595))

- **Standardsprache:**
  An Jugendliche, die jünger als 16 Jahre sind, darf kein Alkohol verkauft werden, und sie dürfen ihn auch nicht in der Öffentlichkeit trinken. Getränke oder Lebensmittel, die Branntwein enthalten, darf man erst kaufen oder in der Öffentlichkeit verzehren, wenn man 18 Jahre alt ist.
- **Umgangssprache:**
  Wer noch nicht 16 ist, kommt gar nicht an Alk ran. Und Schnaps jeder Art kaufen und saufen darf man erst ab 18.
- **Jugendsprache:**
  Für kleine Pisser gibt's mal gar nix zum Dröhnen. Und den richtig harten Stoff kriegste erst, wenn de 18 bist.

5. Fäkalsprache

1. **Von den Äußerungen a–o haben jeweils drei den gleichen Inhalt. Welche passen zusammen?**
2. **Überlege dir, mit welchen Personen Paula gerade spricht und in welcher Situation sie sich befinden könnte.**
3. **Welche „Sprache“ spricht Paula in den jeweiligen Aussagen?**

Die folgenden Sätze spricht Paula im Laufe des Tages. Sieh sie dir genau an, und beantworte anschließend die unten stehenden Aufgaben!

a) Hi, wie geht's dir?
b) Null Ahnung!
c) Das wär echt cool!
d) Hab ne fünf in Mathe. Ultra Scheiße!
e) Wo gibt`s hier was zu trinken?
f) In Mathe bin ich echt schlecht.
g) Alter, alles fit?
h) Ja, das würde mich sehr freuen.
i) Kann ich nicht sagen.
j) Fänd ich prima!
k) Wo haste den Drink abgezockt?
l) Das weiß ich leider nicht.
m) Guten Tag, Frau Müller, geht es Ihnen gut?
n) In Mathematik habe ich eine ziemlich schlechte Note bekommen.
o) Wo finde ich bitte den Getränkestand?

4. **Formuliere die nebenstehenden Äußerungen einmal in der Standardsprache und einmal in der Jugendsprache.**

Beispiel:

Ihr verabschiedet euch.
Standardsprache: Ich muss jetzt leider gehen.
Jugendsprache: Ich hau ab!

a) Ihr sucht eine Toilette.

Standardsprache: ______________________________

____

____

Jugendsprache: ______________________________

____

____

b) Ihr wollt eine CD ausleihen.

Standardsprache: ______________________________

____

____

Jugendsprache: ______________________________

____

____

c) Ihr wollt jemanden ins Kino einladen.

Standardsprache: ______________________________

____

____

Jugendsprache: ______________________________

____

____

d) Euch schmeckt das Essen nicht.

Standardsprache: ______________________________

____

____

Jugendsprache: ______________________________

____

____

5. **Erfinde selbst Beispiele aus deinem Alltag, schreibe sie auf einen DIN-A4-Bogen, und gib sie deinem Banknachbarn. Er soll sie dann übersetzen!**

angelehnt an: Hebel: Spracherfahrungen. S. 81f.

Auch wenn wir nicht reden, lassen wir unseren Körper sprechen. Und zwar durch
- ***Mimik:** Bewegungen von Mund, Brauen, Augen und Gesichtsmuskeln*
- ***Blickkontakt***
- ***Gestik:** Bewegungen von Händen und Armen*
- ***Körperhaltung:** Anordnung der Körperteile, Sitzhaltung, Orientierung zum Gesprächspartner*
- ***Stimme***

Die Körpersprache verrät viel über uns selbst und unsere Gefühle, auch über unsere Beziehung zum Gesprächspartner und das Interesse am Gespräch. Oft ist sie ehrlich, weil sie unbewusst stattfindet, aber manchmal setzen wir sie auch bewusst ein, um den anderen zu täuschen.

1. Was sagt mein Gesicht?

Jeder in der Gruppe denkt sich ein Gefühl aus, das man mit dem Gesicht ausdrücken kann, z.B.: Überraschung, Schreck, Freude, Traurigkeit, Abscheu ... Schreibt den Begriff auf einen Zettel, und gebt ihn gefaltet nach vorne. Dort werden alle Zettel gemischt. Der Erste zieht einen und versucht, das Gefühl, das auf dem Zettel steht, nur durch Mimik auszudrücken. Am besten sitzt ihr dazu auf einem Stuhl und legt die Hände auf die Knie, damit ihr nicht in Versuchung kommt, andere Körperteile zu benutzen. Es fällt euch bestimmt leichter, wenn ihr euch vorstellt, dass ihr etwas tut, was dieses Gefühl hervorruft, z.B.: in eine saure Zitrone beißen, mit jemandem flirten, eine Arbeit schreiben, eure Lieblingsmusik hören, euch im Unterricht langweilen ... Wer den Begriff erraten hat, darf als Nächstes nach vorn. Waren die Gesichtsbewegungen immer eindeutig? An welchen Bewegungen habt ihr das Gefühl erkannt?

2. Was sagen meine Hände?

Jeder denkt sich eine Handbewegung/Geste aus, die er den anderen vorspielt. Ihr müsst diese Bewegung schon einmal bei anderen Menschen gesehen haben, und zwar mit der Bedeutung, die erraten werden soll. Derjenige, der die Bedeutung errät, darf weitermachen. Welche Rolle spielt die Mimik, wenn ihr die Zeichen macht? Ändert sich auch der Gesichtsausdruck – z.B. beim Beifall klatschen oder beim Kopfschütteln? Findet ihr Handzeichen, bei denen der Gesichtsausdruck ggf. die Bedeutung verändert/unterstützt?

3. Was sagt meine Stimme, mein Tonfall?

Je nach Betonung, Lautstärke und Stimm-Melodie lassen sich ausgesprochene Sätze unterschiedlich interpretieren. Suche dir einen der unten stehenden Sätze aus. Überlege, wie du ihn aussprechen willst, und richte die Aussage an die Gruppe.

a) Lena hat ihre Haare rot gefärbt.
b) Es wär gut, wenn du einen Augenblick ruhig wärst.
c) Susanne ist seit gestern mit Stephan zusammen.
d) Der hat nur teure Klamotten.

Lasse die anderen raten, welche Gedanken sich hinter deiner Stimme „verstecken", was du ausdrücken willst. Wie wirken die Betonungen auf deine Mitschüler? Probiert es aus, und diskutiert darüber. Findet selbst andere Beispiele!

Sprechen heißt immer auch Handeln. Die Handlung, die mit dem, was du sagst, verbunden ist, heißt „Sprechhandlung": Mit Worten kannst du z.B. jemanden trösten, kannst dich über etwas informieren, kannst jemandem einen Rat geben … Manche Sprechhandlungen führst du dabei eher Gleichaltrigen gegenüber aus, andere eher Erwachsenen gegenüber.

1. **Sammelt gemeinsam weitere Beispiele für Sprechhandlungen, und haltet sie an der Tafel fest!**
2. **Nun arbeitest du allein: Ordne die gesammelten Sprechhandlungen jeweils der Personengruppe zu, bei der du sie am ehesten ausführst. Einige treffen sicher auf beide Gruppen zu. Erstelle für diese Aufgabe eine Tabelle in deinem Heft. So könnte sie beginnen:**

Kommunikationsabsicht	Gleichaltrige	Erwachsene
trösten	X	
sich informieren		X
…		

3. **Sieh dir die Tabelle noch einmal an, und denke über deine Antworten nach:**
   - **Warum fällt es z.B. leichter, einen Freund zu trösten, als vielleicht deinen Vater, der sich über einen Kollegen geärgert hat?**
   - **Warum führst du Informationsgespräche eher mit Erwachsenen?**
   - **etc.**

Für ein gelungenes Gespräch ist Aktives Zuhören besonders wichtig. Es bedeutet,
- *dem Gesprächspartner Aufmerksamkeit und Interesse entgegenzubringen,*
- *sich in die Stimmung und Lage des Gesprächspartner hineinzufühlen,*
- *das Gesagte anzunehmen, aber nicht zu interpretieren oder zu kritisieren.*

Lena: Du, sag mal, wann wollen wir uns denn mal ein Ziel für unseren Sommerurlaub aussuchen?

Thomas: Darüber wollte ich auch schon mit dir sprechen …

Lena: Wie? Du hast den Urlaub in der Firma noch gar nicht eingereicht?

Thomas: Darum geht es gar nicht.

Lena: Wie jedes Jahr. Jetzt müssen wir unsere ganze Planung wieder verschieben, weil deine Kollegen schneller waren. Wir wollten im Juni doch drei Wochen …

Thomas *(wird lauter)*: Der Urlaub ist längst eingereicht und genehmigt worden.

Lena *(erleichtert)*: Prima, also wohin fahren wir?

Thomas: Ich wollte dir einen Vorschlag machen.

Lena *(fällt ihm ins Wort)*: Du hast keine Lust, so lange mit mir allein in den Urlaub zu fahren. War ja klar. Mit deinen Kumpels kannst du immer einmal im Jahr fahren.

Thomas: Ich mein doch nur, dass wir das Geld …

Lena: Ja, ja, jetzt kommt wieder die Nummer. Letzte Woche musste es noch unbedingt dieser teure Fernseher sein, und jetzt haben wir kein Geld für Urlaub! Du hast einfach keinen Bock!

Thomas: Leni, das habe ich doch gar nicht gesagt!

Lena: Aber gemeint hast du's. Dein „Leni" kannst du dir echt sparen.

Thomas: Reg dich mal ab. Ich wollte dir vorschlagen, nicht ganz so weit und vielleicht nicht drei, sondern zwei Wochen zu fahren, damit wir ein bisschen Geld sparen können, um dir vielleicht im nächsten Jahr ein neues Auto zu kaufen. Es wäre mir lieber, du hättest ein sicheres Auto, auf das man sich verlassen kann. War gestern im Reisebüro und habe schon mal Angebote eingeholt und Kataloge mitgebracht.

Lena *(erstaunt)*: Oh, das wusste ich ja nicht.

Thomas: Und die Tour mit den Jungs dieses Jahr habe ich auch abgesagt.

Lena: Ach, Mensch, Thommy!

Thomas: Dein „Thommy" kannst du dir echt sparen. Ich geh jetzt zur Kartbahn mit den Jungs. Vielleicht hast du dich ja abgeregt, wenn ich wieder komme. Ciao!

1. **Lest das Stück mit getrennten Rollen vor der Gruppe. Versucht, euch in die Personen hineinzuversetzen, und setzt ganz bewusst auch Körpersprache ein (Mimik, Gestik, Körperhaltung und Stimm-Melodie).**
2. **Untersucht nun das folgende Gespräch nach diesen Kommunikationsaspekten:**
   - **Über welches Thema spricht das Paar?**
   - **Was geben die Beteiligten von sich selbst kund?**
   - **In welcher Beziehung stehen sie zueinander?**
3. **Diskutiert nun, warum das Gespräch so verläuft und endet. Was haben die Personen falsch gemacht, und wie hätten sie es besser machen können? Denkt dabei an „Aktives Zuhören". Hört jemand „aktiv zu"? Findet ihr Stellen, an denen einer dem anderen nicht aktiv zugehört hat? Was wäre eine bessere Reaktion auf das Gesagte gewesen? Macht Vorschläge.**

Das kennt ihr sicher: Ihr ärgert euch über etwas und möchtet, dass der „Verursacher" es ändert bzw. damit aufhört. Das kann der kleine Bruder sein, der euch dauernd stört, wenn ihr Besuch habt – oder der Banknachbar, der ständig bei euch abschreiben will. Wie sagt ihr es am besten? Häufig benutzen wir in solchen Fällen die falsche Formulierung. Es kommt zu Missverständnissen, weil wir

- *den Sachverhalt nicht klar darstellen: Was genau stört mich?*
- *unsere Gefühle nicht klar benennen: Das empfinde ich dabei …*
- *die Auswirkungen nicht deutlich genug machen: Das hat für mich/für die Gemeinschaft die folgenden Auswirkungen …*

Das Zauberwort heißt: Ich-Botschaft. Eine Ich-Botschaft greift den anderen nicht an und bedroht ihn nicht. Sie ist nicht verletzend. Sie „erzählt" Tatsachen und von mir und meinen Gefühlen.

Sie könnte z.B. lauten: „Gregor, du kommst jetzt zum vierten Mal in mein Zimmer. Ich bin mittlerweile richtig nervös. Ich kann mich nicht mehr auf die Englisch-Vokabeln konzentrieren."

Eine Ich-Botschaft hat drei Teile:
***1. Teil:** Beschreibt eine Tatsache, ein Verhalten, oder eine Beobachtung, ohne diese zu bewerten oder zu interpretieren. („Du kommst jetzt zum vierten Mal in mein Zimmer.")*
***2. Teil:** Gibt ehrliche Gefühle kund. Diese können schon länger in mir stecken. Sie können ganz aktuell auftauchen. („Ich bin mittlerweile richtig nervös.")*
***3. Teil:** Enthält einen Hinweis auf die Auswirkung des Verhaltens der anderen Person auf mich oder auf die Gemeinschaft. („Ich kann mich nicht mehr auf die Englisch-Vokabeln konzentrieren.")*

Sieh dir die drei Teile im Infokasten genau an, und bearbeite die folgenden Aufgaben!

Zum 1. Teil:

Welche der folgenden Aussagen über ein Thema ist eine Beschreibung einer Tatsache, und zwar wertfrei und ohne Interpretation? Schreibe die richtige Aussage in dein Heft. Lasse unter jeder Aussage jeweils zwei Zeilen Platz.

1. a) Mein Auto kostet einfach zu viel.
b) Die Autoversicherung wird auch immer teurer.
c) Mein Auto hat dieses Jahr 75 Euro mehr an Versicherung gekostet als im letzten Jahr.

2. a) Ich habe einen Hamburger bestellt, und jetzt habe ich Hühnchen auf meinem Tablett.
b) Sie haben da einen Fehler gemacht.
c) Einen Hamburger kann man doch nicht mit Hühnchen verwechseln.

3. a) Diese Woche habe ich dich nicht beim Sport gesehen.
b) Diese Woche warst du wohl völlig unsportlich.
c) Diese Woche hast du den Sport ausfallen lassen.

4. a) Du hast dich am Samstag mit meiner Schwester amüsiert.
b) Du bist am Samstag mit meiner Schwester ins Kino gegangen.
c) Du warst am Samstag ganz schön lange mit meiner Schwester weg.

Beispiel:

a) Diese Woche bist du ständig unterwegs.
b) Du bist überhaupt nicht mehr zu Hause.
c) Du warst diese Woche drei Mal aus.

Antwort c) ist richtig. Denn „ständig" ist nicht wertfrei, und „überhaupt nicht mehr" ist eine Übertreibung, die das Verhalten interpretiert.

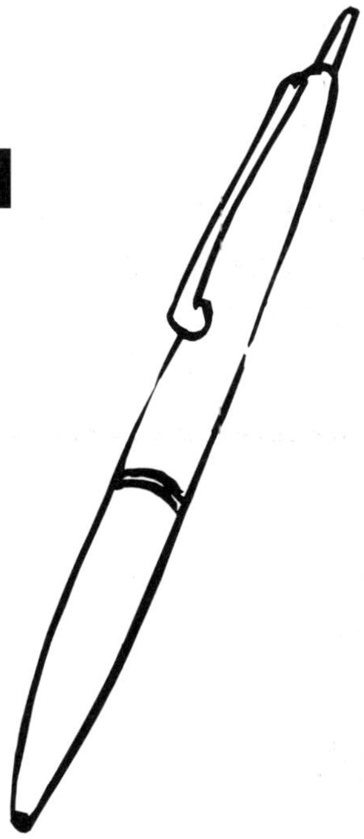

Tauscht euch in der Gruppe über eure Ergebnisse aus.
Woran erkennt man, dass jeweils zwei der drei Äußerungen nicht wertfrei sind?

Zum 2. Teil:

Formuliere in deinem Heft zu jeder wertfreien Beobachtung eine Gefühlskundgebung.

Beispiel:

Du warst diese Woche drei Mal aus.
Das macht mich traurig.

Zum 3. Teil:

Formuliere in deinem Heft jeweils eine Auswirkung, die das Verhalten auf dich hat.

Beispiel:

Du warst diese Woche drei Mal aus.
Das macht mich traurig.
Wir haben keine Zeit gehabt, miteinander zu reden.

 | ISBN 978-3-8346-0499-6

Feedback-Formular

Nach einem Rollenspiel oder einem kleinen Vortrag kannst du dem Vortragenden eine Rückmeldung geben, wie du sein Auftreten wahrgenommen hast. Wenn dir etwas nicht gefallen hat, formuliere es freundlich und sachlich. Biete gleich einen Verbesserungsvorschlag fürs nächste Mal an. Als Hilfestellung für einen schnellen Überblick dient dieses Formular. Dein Feedback solltest du aber in ganzen Sätzen formulieren:

- „Mir hat besonders gefallen, dass du …"
- „Beim nächsten Mal könntest du …"
- „Mir ist aufgefallen, dass …"
- „Mir gefällt an dir, …"

Blickkontakt

☐ sehr gut
☐ gut
☐ kann verbessert werden
☐ muss verbessert werden

Anmerkung: ________________________________

____

Gestik

☐ sehr gut
☐ gut
☐ kann verbessert werden
☐ muss verbessert werden

Anmerkung: ________________________________

____

Mimik

☐ sehr gut
☐ gut
☐ kann verbessert werden
☐ muss verbessert werden

Anmerkung: ________________________________

____

Sprechtempo

☐ sehr gut
☐ gut
☐ kann verbessert werden
☐ muss verbessert werden

Anmerkung: ________________________________

____

Haltung

☐ sehr gut
☐ gut
☐ kann verbessert werden
☐ muss verbessert werden

Anmerkung: ________________________________

____

Lautstärke

☐ sehr gut
☐ gut
☐ kann verbessert werden
☐ muss verbessert werden

Anmerkung: ________________________________

____

Welches Medium zu welchem Zweck?

Nicht immer hast du die Möglichkeit, Mitteilungen und Anliegen in einem persönlichen Gespräch von Angesicht zu Angesicht zu vermitteln. Manchmal musst du ein Kommunikationsmedium wählen.

1. **Wann würdest du am ehesten welches Medium benutzen? Kreuze in der Tabelle an. Mehrfachnennungen sind möglich.**

2. **Diskutiert in der Gruppe über die Tabelle. Begründe im Vergleich mit den anderen deine Auswahl.**

Mitteilung/Anliegen	Telefon/Handy: Anruf	SMS	Brief/ Postkarte	E-Mail	Internet	Zeitung
eine Verabredung treffen						
Grüße aus dem Urlaub						
Zugverbindung suchen						
Kinoprogramm herausfinden						
der Oma zum Geburtstag gratulieren						
sich bewerben						
aus dem Sportverein austreten						
mit jemandem „Schluss" machen						
nach Hausaufgaben fragen						
versuchen, jemanden kennenzulernen						
eine Liebeserklärung aussprechen						
sich über ein defektes Produkt beschweren						
dem besten Freund/ der besten Freundin von einem Konzert berichten						
mehrere Freunde zu einer Party einladen						

Teste dich selbst – Redewendungen (1/2)

1. **Unten findest du einige Beispiele von Redewendungen, die wir benutzen, um bildhaft kommunikatives Verhalten auszudrücken. Versuche, zu erklären, was damit gemeint ist. Vieles, was du jetzt schon über Kommunikation gelernt hast, wird dabei hilfreich werden! Vielleicht kannst du manchmal auch das Sprichwort thematisch jeweils einem Arbeitsblatt/mehreren Arbeitsblättern zuordnen, das/die du schon bearbeitet hast?**
2. **Kennst du weitere Redewendungen zum Thema „Kommunikation"? Schreibe sie mit ihrer Bedeutung und dem jeweiligen Thema in dein Heft!**

Beispiel:

„aneinander vorbeireden"
Bedeutung: Die Kommunizierenden verstehen sich nicht richtig, sie reden über unterschiedliche Dinge.
Thema: Aktives Zuhören

a) „aus der Rolle fallen"

Bedeutung: ______________________________

______________________________ **Thema:** ______________________________

b) „Wie man in den Wald hineinruft, so schallt es heraus."

Bedeutung: ______________________________

______________________________ **Thema:** ______________________________

c) „ein gutes Mundwerk haben"

Bedeutung: ______________________________

______________________________ **Thema:** ______________________________

d) „jemandem das Wort aus dem Munde nehmen"

Bedeutung: ______________________________

______________________________ **Thema:** ______________________________

e) „Der Ton macht die Musik."

Bedeutung: ______________________________

______________________________ **Thema:** ______________________________

Teste dich selbst – Redewendungen (2/2)

f) „mit gespaltener Zunge reden"

Bedeutung: ____

______________________________ **Thema:** ____________________

g) „seine Zunge im Zaum halten"

Bedeutung: ____

______________________________ **Thema:** ____________________

h) „reden wie ein Wasserfall"

Bedeutung: ____

______________________________ **Thema:** ____________________

i) „auf diesem Ohr taub sein"

Bedeutung: ____

______________________________ **Thema:** ____________________

j) „sich etwas hinter die Ohren schreiben"

Bedeutung: ____

______________________________ **Thema:** ____________________

k) „ein offenes Ohr finden"

Bedeutung: ____

______________________________ **Thema:** ____________________

Am Samstagvormittag, so gegen 11.00 Uhr, bin ich vom Marktplatz Richtung Bahnhof gegangen. Dabei kam ich durch die Gasse, in der immer die vielen Bettler sitzen. Ein paar Neonazis hingen da auch rum. Die haben mir ein bisschen Angst gemacht.
Plötzlich sind zwei Feuerwehrfahrzeuge und ein Notarztwagen an mir vorbeigerast. Ein aufgeregter Mann rief herüber, dass in der Hauptstraße ein Großbrand ausgebrochen sei und zwei Häuser in Flammen stünden. Ich wollte schnell hinlaufen, kam aber nicht bis zur Hauptstraße durch, weil die Polizei schon alles abgesperrt hatte. Also bin ich zurück zum Bahnhof gegangen und hab das erledigt, was ich eigentlich machen wollte: Ich habe mir eine Fahrkarte nach Bochum gekauft, weil dort am nächsten Tag ein Heavy-Metal-Konzert war.
Die Neonazis standen immer noch am Bahnhof rum. Am Montag stand dann in der Zeitung, dass der Brand in einem Hausflur ausgebrochen war und bis auf zwei Kinder niemand verletzt wurde. Die Polizei hat umstehende Personen befragt, hat aber noch keinen konkreten Hinweis, wie der Brand entstanden ist.

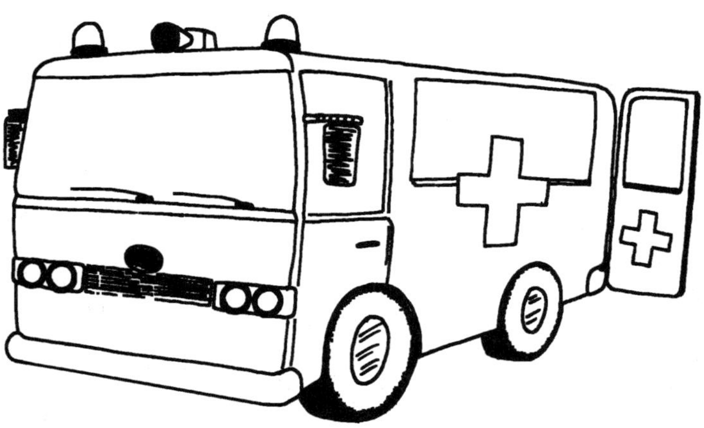

TEIL 2 PRAXIS

Einleitung

PRAXIS – EINLEITUNG

Allgemein

Im ersten Teil haben die Jugendlichen sich das nötige theoretische „Werkzeug" und Vokabular erarbeitet. Im zweiten Teil können sie das Gelernte nun praxisnah anwenden, erproben, beherrschen, ausbauen. Machen Sie dabei deutlich, dass jede Situation anders ist und von Neuem überdacht werden muss, dass aber mit den praktischen Übungen viele Regeln und Tipps vermittelt/erarbeitet werden, die immer wieder hilfreich sein werden.

Ein Großteil der folgenden Arbeitsblätter beinhaltet **Rollenspiele** – nur so können die Jugendlichen sich in die Situation ausreichend hineinversetzen und sie erfolgreich bewältigen. Im Anschluss daran werden die Jugendlichen jeweils aufgefordert, den „Spielern" ein **Feedback** zu geben – so wird allen eine Reflexion ermöglicht. Zu Beginn kann es sinnvoll sein, das im Theorieteil vorgestellte Feedback-Formular zu benutzen (S. 36).

Mit der Zeit werden die Jugendlichen ohne Hilfsmittel ihre Beobachtungen weitergeben können.

Gliederung der Arbeitsblätter nach Kommunikationsabsichten

Die Arbeitsblätter sind nach den **Lebensbereichen** der Jugendlichen gegliedert. Eine Alternative ist, sie nach **Kommunikationsabsichten** zu unterteilen. Wenn Sie es im Unterricht bevorzugen, die einzelnen Kommunikationsabsichten nacheinander durchzunehmen, finden Sie hier zur Orientierung eine entsprechende Grobgliederung:

Absicht: Jemanden ansprechen/begrüßen/kennenlernen

Sobald wir mit jemandem in Kontakt treten, beginnen wir mit einer Überprüfung. Wir finden innerhalb weniger Minuten anhand der Körpersprache, der Stimme, auch der Kleidung heraus, ob uns der Mensch sympathisch ist. Danach, ob wir mit ihm kommunizieren wollen oder müssen, z.B. bei einer Bewerbung oder im Schul- und Berufsalltag, werden wir unser Verhalten bei der Begrüßung oder Vorstellung ausrichten. Natürlich werden im Gegenzug auch wir einem „Sympathie-Check" unterzogen. Wie heißt es so schön? „You never get a second chance for a first impression!" Je länger wir mit jemandem im Gespräch sind, desto eher können wir den ersten Eindruck revidieren. Doch nicht immer haben wir dazu die Gelegenheit. Absolut entscheidend ist der erste Eindruck z.B. im Vorstellungsgespräch, beim ersten Besuch bei der Freundin oder dem Freund zu Hause oder beim Flirten. Darum sollten wir den ersten Sekunden einer Begegnung besondere Aufmerksamkeit schenken.

Kapitel:	**Arbeitsblatt:**
Elternhaus:	Zu Gast bei den Eltern eines Freundes/einer Freundin, S. 74
Alltagsprobleme ...:	Begrüßungen im Dienstleistungsbereich, S. 76
Beruf/Job:	Vorstellungsgespräch – Die ersten Minuten, S. 94
	Der erste Tag – Einen guten Eindruck machen, S. 95/96
	Von sich erzählen, S. 97/98

Absicht: Nach etwas fragen/sich informieren

In vielen Alltagssituationen müssen die Jugendlichen nach etwas fragen, benötigen **Informationen** oder eine **Beratung**, um eine Situation zu bewältigen. Informationsquellen gibt es viele: neben den Mitmenschen auch Internet, Zeitschriften, Fachbücher, Lexika, Telefon und Fernsehen. Aber nicht immer eignen sich alle Quellen, und nicht immer steht die beste Quelle zur Verfügung.

Verdeutlichen Sie den Jugendlichen: Wenn sie von anderen etwas Bestimmtes erfahren möchten, ist es hilfreich, sich vorab mit **W-Fragen** zu beschäftigen:

- **Was** will ich wissen?
- **Wer** kann mir helfen?
- **Wo** bekomme ich die Information?
- **Wie** stelle ich meine Frage?
- **Wann** ist der beste Zeitpunkt?

Kapitel:	**Arbeitsblatt:**
Alltagsprobleme ...:	Nach einem Weg fragen, S. 77
	Zugreise zum Konzert, S. 78
	Hier sind Sie falsch, S. 79
	Sich nicht abwimmeln lassen, S. 82
	Ein neuer MP3-Player – Schlechte Beratung, S. 83
Beruf/Job:	W-Fragen Stellenanzeige, S. 93
	Nach einer Bewerbung fragen, S. 94/95
	Der erste Tag – Einen guten Eindruck machen, S. 97/98
	Schwierigkeiten überwinden – Rückfragen stellen, S. 102

Absicht: Sich beschweren/Beschwerden annehmen

Wer sich beschwert, will Ärger oder Enttäuschung loswerden. Genau genommen will er sich damit nicht „beschweren", sondern „erleichtern". Man ist mit einer Person, einer Sache oder einer Dienstleistung aus bestimmten Gründen nicht zufrieden. Diese können rein sachlicher Natur sein, wenn ich z.B. ein defektes Produkt gekauft habe oder ein ausgehandelter Vertrag nicht erfüllt wurde. Für den Unmut kann es auch persönliche Gründe geben: z.B., sich ungerecht behandelt zu fühlen.

Wer eine Beschwerde äußern möchte, sollte zuerst über die **Situation** nachdenken, die ihn dazu veranlasst. Dann muss er sich überlegen, ob diese Beschwerde **berechtigt** und **notwendig** ist und welche **Gründe** dafür vorliegen. Für ein persönliches Beschwerdegespräch ist es ebenso sinnvoll, sich im Vorfeld zu überlegen, welche Gründe der **Empfänger** anführen könnte, um die Beschwerde zurückzuweisen. Im Idealfall gibt es einen Lösungsvorschlag, mit dem beide Gesprächspartner einverstanden sind.

Kapitel:	**Arbeitsblatt:**
Schule/Freunde:	Beschweren – Mündliche Note, S. 57
	Ausnutzen, S. 59/60
	Geld zurückfordern, S. 64
Elternhaus:	Beschweren – Wie man ..., S. 69
	Diskussion Medienkonsum, S. 68
Beruf/Job:	Ehrlich oder unehrlich, S. 101
	Kritik annehmen, S. 102

PRAXIS – EINLEITUNG

Absicht: Sich entschuldigen

Das wissen die Jugendlichen aus eigener Erfahrung: Oft fällt es schwer, sich für etwas zu entschuldigen, sei es aus Stolz, Scham oder aus Angst, die eigene Position zu schwächen. Aber je öfter man es versucht, desto leichter wird es fallen, denn auch hier gibt es kommunikative Regeln, die dabei helfen können.
Wer sich entschuldigt, möchte den Betroffenen um **Nachsicht** und **Verständnis** bitten. Dabei sollte er authentisch und aufrichtig sein, Gefühle zugeben und keine Floskeln verwenden. Folgende Sätze könnten beispielsweise ein geeigneter Gesprächsbeginn sein:
- „Ich habe ein ganz mulmiges Gefühl ...",
- „Ich muss dir mal was beichten ...",
- „Hast du mal einen Moment Zeit ..."

...

Die Situation **genau** und **sachlich** darzustellen und einen **Wiedergutmachungsvorschlag** mitzubringen, das sind die Grundvoraussetzungen, damit eine Entschuldigung gelingen kann.

Kapitel:	**Arbeitsblatt:**
Schule/Freunde:	Sich entschuldigen, S. 61
Elternhaus:	Entschuldigen – Der Ton macht die Musik, S. 71/72

Absicht: Um etwas bitten/sich etwas wünschen

Vor jeder Äußerung eines Wunsches muss man sich genau überlegen, wie man diesen formuliert. Die Jugendlichen sollten in der Lage sein, sich in die Rolle des Gesprächspartners hineinzuversetzen und die Antworten auf die folgenden Fragen abzuschätzen: Welches **Verhalten erwartet** er von mir? Wie wirken meine **Formulierungen** auf ihn? Ist meine Bitte an diese Person **angemessen**? Hat er die Möglichkeit, diese zu erfüllen? Hilfreich ist es auch, sich genau zu überlegen, wann, wo und wie man die Bitte äußert. Statt eines persönlichen Gesprächs kann bei der Formulierung oftmals ein **anderes Medium** geeigneter sein (Brief, Telefon, E-Mail).

Kapitel:	**Arbeitsblatt:**
Schule / Freunde:	Höflichkeitsskala, S. 56
	Geld zurückfordern, S. 64
Elternhaus:	Um etwas bitten – Neuer PC, S. 70
Alltag:	Hier sind Sie falsch!, S. 79

Absicht: Etwas ablehnen

Dass es vielen Menschen schwerfällt, auch mal eine Bitte oder ein Anliegen abzulehnen, kann die unterschiedlichsten Gründe haben. Die Arbeitsblätter zum Thema regen die Jugendlichen dazu an, sich zu den folgenden Fragen Gedanken zu machen:

- **Möchte** ich das tun oder geben, was von mir verlangt wird?
- Wieviel **Zeit, Kraft, Energie, Lust** habe ich gerade selbst?
- Wer ist es, der mich da um einen Gefallen bittet? Welche **Beziehung** habe ich zu diesem Menschen? Wie oft habe ich schon etwas für diese Person getan – und wenn es schon öfter der Fall war, möchte ich es tatsächlich noch einmal tun?

Kapitel:	Arbeitsblatt:
Schule/Freunde:	Eine Bitte/Aufforderung ablehnen, S. 58
	Ausnutzen, S. 59/60
	Eine Einladung ablehnen, S. 66
Alltag:	Sich beim Einkauf wehren, S. 82

Absicht: Schlagfertig reagieren/sich nichts gefallen lassen/sich etwas trauen

Schlagfertigkeit ist nicht jedermanns Sache. Einige Strategien können jedoch trainiert werden. Ebenso ist es mit Dingen, die uns im Alltag „übel aufstoßen": Auch hier lässt sich lernen, die richtigen Worte zu finden, um an der Situation etwas zu ändern. Genauso, wie man Kritik üben können muss, muss man allerdings in der Lage sein, berechtigte Kritik anzunehmen.

Kapitel:	Arbeitsblatt:
Schule/Freunde:	Streber, S. 62
	Beleidigungen, S. 65
Alltagsprobleme …:	Etwas zurückgeben, S. 83
Beruf/Job:	Ehrlich oder unehrlich, S. 101
	Kritik annehmen, S. 102

Absicht: Telefonieren

„Richtig telefonieren" ist gar nicht so einfach. Etwas Routine wird den Jugendlichen zugutekommen. Einige der Arbeitsblätter setzen sich explizit mit diesem Thema auseinander; auf anderen ist es ein Bereich, der „nebenbei" mittrainiert wird. Dabei geht es vor allem um die richtige Vorbereitung, um Höflichkeit und darum, am Telefon schnell reagieren zu können, wo es nötig ist.

Kapitel:	Arbeitsblatt:
Alltagsprobleme …:	Sich nicht abwimmeln lassen, S. 80
	Zugreise zum Konzert, S. 78
	Etwas in der Zeitung verkaufen, S. 85
	Arzttermin telefonisch absagen, S. 86
	Lächeln durch das Telefon, S. 87
Beruf/Job:	W-Fragen Stellenanzeige, S. 90/91
	Nach einer Bewerbung fragen, S. 92/93
	Telefondienst, S. 99
	Schwierigkeiten überwinden – Rückfragen stellen, S. 100

Absicht: Kommunizieren allgemein

Die folgenden Arbeitsblätter greifen weitere Aspekte des Kommunizierens auf.

Kapitel:	Arbeitsblatt:
Schule/Freunde:	Trösten/Aufmuntern: Spontan ..., S. 63
Elternhaus:	Oma und Opa ..., S. 73
Alltagsprobleme ...:	Hier sind Sie falsch!, S. 75
	Einen gebrauchten Artikel kaufen/verkaufen (Handeln), S. 84
	Jemanden loben, S. 88
Sonstiges:	Spiel: Zu wem spreche ich?, S. 104
	Spiel: Körpersprache: Diskussion mit den Stummen, S. 105

Hinweise zu den einzelnen Arbeitsblättern – Gliederung nach Lebensbereichen

Zu einigen der Arbeitsblätter sollen im Folgenden in chronologischer Reihenfolge Hinweise und/oder Inputs gegeben werden. Lösungsvorschläge zu den einzelnen Aufgaben finden Sie im letzten Teil ab S. 108!

Lebensbereich: Schule / Freunde

Höflichkeitsskala, S. 56

Fertigen Sie vor der Arbeit mit dem Blatt für die Schüler 5 Kärtchen an, auf denen jeweils einer der fünf folgenden Punkte einer „Höflichkeitsskala" steht:

a) sehr höflich
b) höflich
c) neutral
d) unhöflich
e) sehr unhöflich

Diese teilen Sie aus, wenn Sie gemeinsam mit den Jugendlichen eine Situation ausgesucht haben (siehe Arbeitsblatt).
Die Jugendlichen sollen erarbeiten, dass es unterschiedliche Grade an Höflichkeit gibt, dass diese aber auch unterschiedlich aufgefasst werden können. Die letzte Frage zielt darauf ab, ob eine grundsätzliche „Verschiebung" des Höflichkeitslevels festzustellen ist, wenn sich die Kommunikation auf unterschiedlichen Hierarchieebenen abspielt.

Beschweren – Mündliche Note, S. 57

Lösungsvorschläge finden Sie auf S. 111.

Bitten/Aufforderungen ablehnen, S. 58

Die Jugendlichen sollen hier über die Gründe reflektieren, aus denen heraus man manchmal „ja" sagt, obwohl man „nein" meint. Gleichzeitig sollen sie darüber nachdenken, ob manchmal ein Ja richtiger am Platz wäre als ein Nein – oder ob es zumindest einen „Vorschlag zur Güte" gegeben hätte. Die Übung soll vermitteln, dass man oft gute Gründe für sein Handeln hat und diese höflich vortragen kann, statt „einzuknicken" (a), dass man sich auf der anderen Seite auch mit einem Nein im Ton vergreifen kann (b). Wegen Bitten/Aufforderungen, die man nicht erfüllen möchte, muss es nicht zwangsläufig zu großen Konflikten kommen – der Ton macht die Musik!

Am besten bereiten Sie im Vorfeld Kärtchen für die Bearbeitung der Aufgabe 1 vor und verteilen sie an die Schüler. Die Kärtchen sollten eine Tabelle enthalten, die wie folgt aussieht:

a / b	Bitte/Aufforderung	Gründe für „NEIN"	Gründe für „JA"

Eine ausgefüllte Tabelle finden Sie im Lösungsteil auf S. 108.

Zu Aufgabe 1a)

Wenn den Schülern die Gründe für das Ja-Sagen zu intim sind, können sie auch einfach ein ausgefülltes Kärtchen nach vorne geben, ohne ihre Erfahrungen vorher laut vorzutragen. Trennen Sie die Karten nach a) und b).

Zu Aufgabe 2):

Eine ausgefüllte Tabelle finden Sie im Lösungsteil auf S. 109.

Ausnutzen, S. 59/60

Diese Übung ist mit der vorigen eng verwandt. Ziel dieser Aufgabe ist es hier aber vor allem, dass die Schüler erkennen, wie wichtig es ist, sich auf ein Gespräch gut vorzubereiten. Oft fällt es schwer, deutlich auszudrücken, was man eigentlich will. Ein Gespräch wird eher zum Erfolg führen, wenn die Rollen beider Gesprächspartner anerkannt werden, man seine Gefühle offen äußert und die Auswirkungen auf die eigene Person darlegt. Einen möglichen Tagebucheintrag finden Sie auf S. 109.

Sich entschuldigen, S. 61

Erarbeiten Sie mit den Jugendlichen anhand des Arbeitsblattes das mögliche Vorgehen bei einer Entschuldigung:

- sich über die eigenen Gefühle klar werden; zu seiner „Schuld" stehen
- sich in das Gegenüber hineinversetzen
- nach den richtigen Worten suchen
- sich Gedanken darüber machen, wie eine Wiedergutmachung aussehen könnte

Möglichkeiten zur Wiedergutmachung finden Sie auf S. 110.

Streber, S. 62

Einfühlungsvermögen ist ein wichtiger Baustein für gelungene Kommunikation. Mindestens zwei Drittel aller Mittelstufenschüler benutzen den Begriff „Streber" zumindest gelegentlich. Dieses Arbeitsblatt gibt die Möglichkeit, die Gedanken eines „Strebers" zu erfahren, sich damit auseinanderzusetzen und ihm mit der Formulierung von schlagfertigen, aber friedlichen Antworten zu helfen. Ziel ist hier vornehmlich, sich in die Position des „Strebers" hineinzuversetzen. Das Thema **„schlagfertig** auf Beleidigungen reagieren" wird dagegen auf S. 65 vertieft. Antworten auf den Streber-Vorwurf finden Sie auf S. 110.

PRAXIS – EINLEITUNG

Trösten/Aufmuntern – Spontan reagieren, S. 63

Mit diesem Arbeitsblatt wird das Thema Einfühlungsvermögen behandelt. Führen Sie zunächst folgende Übung durch:

Ü *Wählen Sie drei Jugendliche aus, und teilen Sie ihnen nicht mehr mit, als dass es bei dem folgenden Rollenspiel um eine spontane, möglichst einfühlsame Reaktion geht und dass sie erst einmal nur die Aufgabe haben, mit ihrem Gegenüber – einem guten Bekannten – ein Gespräch anzufangen und zu fragen, wie es ihm geht. Schicken Sie sie dann vor die Tür. Dem Rest der Gruppe teilen Sie das Thema der Übung mit: Jemanden spontan aufmuntern/trösten. Wählen Sie nun drei Jugendliche (männlich und weiblich) aus, die jeweils ein Kärtchen mit einer kurzen Situationsbeschreibung erhalten:*

Dir geht es nicht gut, weil …

(a) … du 100 € verloren hast, die deiner Mutter gehörten. Das Geld solltest du auf dem Rückweg von der Schule einem befreundeten Kfz-Meister geben, der extra günstig euer Auto repariert hat. Du hast Angst vor der Reaktion deiner Mutter, und du weißt nicht, wo sie jetzt noch einmal 100 € herbekommen soll. Das Geld ist bei euch ohnehin knapp und ein ständiges Thema.

Dir geht es nicht gut, weil …

(b) … du dich mit deinem Vater gestritten hast. Er möchte, dass du nach der Schule eine Ausbildung zum Schreiner machst, so wie er das gemacht hat. Du möchtest aber lieber Fotograf werden. Dein Vater ist der Ansicht, dass du als Fotograf keinen Job finden wirst – du möchtest aber dein Hobby zum Beruf machen.

Dir geht es nicht gut, weil …

(c) … deine Eltern dir heute gesagt haben, dass ihr in einem halben Jahr umziehen werdet. Dein Vater hat in einer Stadt 200 km entfernt einen neuen Job gefunden. Du fühlst dich hier zu Hause und willst deine Freunde nicht verlassen.

Die Jugendlichen A-C können sich zwei Minuten lang still einprägen, was auf dem Kärtchen steht, und sich Gedanken zu ihrer Rolle machen. Dann kommt Person A nach vorne und setzt sich auf einen Stuhl. Der erste Jugendliche von draußen wird hereingerufen und setzt sich neben seinen „Bekannten", um ihn zu fragen, wie es ihm geht. Seine Aufgabe ist es nun, auf die Tatsache hin, dass es dem anderen nicht gut geht, möglichst einfühlsam zu reagieren. Auf die Antwort des Gegenübers hin soll sich ein Dialog entwickeln.

Die Jugendlichen, die am Rollenspiel nicht beteiligt sind, sollen beobachten und sich zu den Spielen A–C Notizen machen, um jeweils nach dem Spiel ein Feedback geben zu können: Wie verhält sich der ahnungslose Jugendliche X, der von draußen hereingekommen ist, auf die Tatsache hin, dass es seinem Bekannten nicht gut geht? Hört er „aktiv" zu? Geht er einfühlsam auf ihn ein? Tröstet er ihn? Oder weicht er der Situation aus?

Holen Sie nach jedem Dialog das Feedback der Spieler (wie haben sie sich gefühlt) und der Klasse ein. Fragen Sie nach: warum war das Verhalten gut/nicht so gut … Gab es Unterschiede in der Sprache und/oder der Körpersprache? Woran liegt es, dass Jungen und Mädchen in solchen Situationen anders reagieren?

Auf den Erfahrungen im Rollenspiel und anhand des Feedbacks können Sie nun Aufgabe 1 des Arbeitsblattes bearbeiten. Einen Lösungsvorschlag finden Sie auf S. 110.

Geld zurückfordern, S. 64

Dieses Arbeitsblatt ist was für „Kommunikationsprofis". Mit ihm lässt sich prima das im theoretischen Teil Gelernte wiederholen und anwenden. Einen Formulierungsvorschlag für Aufgabe 3 finden Sie auf S. 111.

Beleidigungen, S. 65

Neben den konkreten Übungen auf dem Arbeitsblatt sollte den Jugendlichen vor allem vermittelt werden, dass das nicht-aggressive Reagieren auf Beleidigungen Stärke und Selbstsicherheit beweist. Sicherheit und Gelassenheit zu entwickeln, ist natürlich ein Thema, das hier nicht auf einem Arbeitsblatt abgehandelt werden kann. Sie können das Ihrige dazu beitragen, indem Sie das soziale Klima in der Gruppe fördern und dafür sorgen, dass jeder ausreichend Anerkennung erhält – für Leistungen, Charakterstärken, für Verhalten, das Sozialkompetenz beweist ...

In den Literatur-Tipps auf der letzten Seite finden Sie einige Empfehlungen, die sich mit dem Thema „soziale Kompetenz" beschäftigen.

Eine Einladung ablehnen, S. 66

Einen Vorschlag für Aufgabe 3 finden Sie auf S. 111

Lebensbereich: Elternhaus

Diskussion Medienkonsum, S. 68

Diese Diskussion werden die meisten der Jugendlichen gut kennen. Auch hier können Sie den Wert von Ich-Botschaften erarbeiten.

Beschweren – wie man in den Wald hineinruft, S. 69

Bei diesem Arbeitsblatt geht es darum, durch eine praktische Übung zu verdeutlichen:

- Verlauf und Ausgang eines Gesprächs hängen immer massiv von der Verfassung/Persönlichkeit der Gesprächspartner ab,
- Mit dem Wissen darum lässt sich beides maßgeblich beeinflussen.

Tipps, wie man auf eine Beschwerde reagieren kann (Aufgabe 2), finden Sie auf S. 111.

Um etwas bitten – Neuer PC, S. 70

Mit diesem Arbeitblatt soll das Verständnis für die Bedeutung von Gefühlen für den Verlauf und das Ergebnis von Gesprächen vertieft werden. Die Fähigkeit, bei Eltern um etwas zu bitten, soll trainiert werden; ein solches Training wird auch für spätere Gespräche, beispielsweise im Beruf, sehr förderlich sein.

Die Jugendlichen werden unterschiedliche Erfahrungen mit „Elterngesprächen" gemacht haben. Für das Rollenspiel muss klargestellt werden, dass die Beziehung von Vater und Sven eine partnerschaftliche ist. Der Vater soll nicht diktatorisch seine Erziehungsmacht ausüben, und Sven soll keine Taktiken wie Lügen, Täuschen, Beschimpfen oder Ähnliches anwenden. Beide Partner müssen sich in ihre Rollen einfinden. Vor allem müssen sie überlegen, mit welchen Gefühlen/Wünschen des anderen sie konfrontiert werden und wie sie darauf Rücksicht nehmen können, ohne dabei ihre eigenen Interessen aus dem Auge zu verlieren.

Das Ergebnis des Gesprächs bleibt zunächst offen. Wichtig ist, dass es zu einer für beide Gesprächspartner akzeptablen Lösung kommt und dass beim „Bitten" ein freundlicher Umgang mit dem Gesprächspartner ausschlaggebend ist. Lösungen finden Sie auf S. 111.

Entschuldigen – Der Ton macht die Musik, S. 71/72

Machen Sie den Jugendlichen deutlich, dass die Regeln, die sie hier lernen, auf viele andere Situationen/Gesprächspartner anwendbar sind. Lösungsvorschläge für die Entschuldigungen (zu Aufgabe 2) finden Sie auf S. 111.

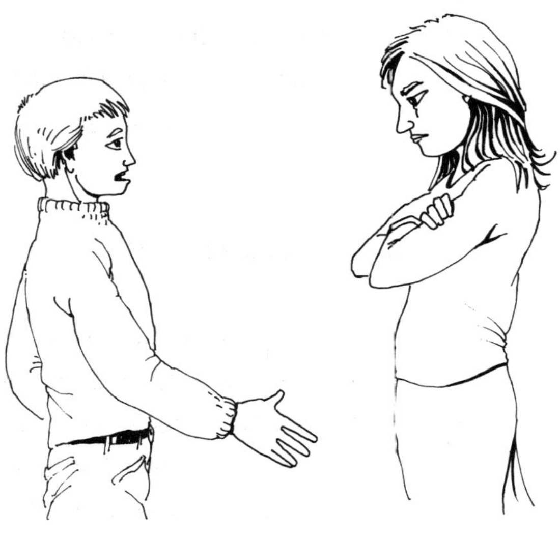

Oma und Opa kommen zum Essen, S. 73

Anmerkung zu der Erzählung von Kevin: Falls Ihnen der Begriff nicht geläufig sein sollte: Eine LAN-Night ist eine Party, bei der Jugendliche sich treffen, um verschiedene Online-Spiele gegeneinander auszutragen!

Vorschläge für Formulierungen zu Aufgabe 2 finden Sie auf S. 112.

Zu Gast bei den Eltern eines Freundes, S. 74

Bei diesem Arbeitsblatt geht es um den ersten Eindruck sowie darum, flexibel und spontan auf bestimmte Situationen zu reagieren. Gleichzeitig geht es um die Frage, wie man sich Erwachsenen gegenüber verhält.
Im Anschluss an dieses Arbeitsblatt kann die Gruppe sicher über ihre eigenen Vorstellungen von „Höflichkeit, Sitte und Anstand" diskutieren. Auch das Verhalten in Gaststätten kann durchaus thematisiert werden.
Einen Lösungsvorschlag für Aufgabe 5 finden Sie auf S. 112.

Lebensbereich: Alltagsprobleme/öffentliches Leben

Begrüßungen im Dienstleistungsbereich, S. 76

Wenn man sich intensiv mit Begrüßungen auseinandersetzt, lernt man einiges über das Thema Kommunikation allgemein: über Hierarchien, Höflichkeitsgrade, Körpersprache. Das Arbeitsblatt vertieft dieses Thema. Jugendlichen, die später im Dienstleistungssektor arbeiten, wird es ein erstes konkretes Training für den späteren beruflichen Alltag bieten. Aber auch für die anderen ist es eine sinnvolle Übung: Es schärft das Gespür für die Fein- und Einzelheiten im kommunikativen Alltag und dient somit auch als passende Einleitung in das Kapitel „Alltagsprobleme/öffentliches Leben".
Geben Sie den Jugendlichen für die Bearbeitung der Aufgabe einige Tage Zeit.
Stellen Sie der Aufgabe die Übung auf S. 51 oben voran.

Ü Sammeln Sie gemeinsam mit den Jugendlichen Personengruppen aus den unterschiedlichsten Bereichen, mit denen sie häufig oder auch hin und wieder zu tun haben. Es sollten so viele Personen sein, wie Jugendliche in der Gruppe sind. Geben Sie ihnen Namen. Fertigen Sie dann möglichst große Namensschilder an, die die Jugendlichen sich auf die Brust heften. Z.B.: „Herr Pohlmann, Arzt", „Sven, Kumpel", „Mutter", „Frau Reff, Verkäuferin an der Käsetheke" …

Nun gehen die Jugendlichen im Raum herum und begrüßen sich gegenseitig so, wie sie die jeweilige Person im Alltag begrüßen würden. Diskutieren Sie anschließend die Erfahrungen. Leitfragen könnten sein:

- *Mit wem wurde besonders höflich gesprochen? Warum?*
- *Mit wem wurde nicht so höflich gesprochen? Warum?*
- *Wem hat man die Hand geschüttelt?*
- *Mit wem hat man ein bisschen Small Talk gemacht?*

Einen Vorschlag für die Lösung von Aufgabe 2 finden Sie auf S. 112.

Nach einem Weg fragen, S. 77

Dieses Arbeitsblatt soll dazu dienen, den Jugendlichen Ängste im Ansprechen fremder Personen zu nehmen, und außerdem auf die Bedeutung einer angemessenen Sprache aufmerksam machen. Fortgeschrittene Jugendliche könnten noch zu folgendem Experiment motiviert werden:

Ü Die Jugendlichen sollen mindestens drei Personen bewusst in einer nicht angemessenen Sprache ansprechen, z.B. eine ältere Dame in Jugendsprache, ein Kind auf Englisch, einen Jugendlichen in gestochener Standardsprache. Die Reaktion der Befragten wird schriftlich festgehalten.

Hinweis: Für das Experiment mit der unangemessenen Sprache in der Fragestellung muss den Jugendlichen mit auf den Weg gegeben werden, dass die Frage – auch wenn sie nicht angemessen angewendet wird – trotzdem freundlich und höflich zu stellen ist. Vielleicht können sie im Gespräch das Experiment aufklären. Auch die Reaktion darauf wird eine Diskussion wert sein. Einen möglichen Merksatz für Aufgabe 3 finden Sie auf S. 113.

Zugreise zum Konzert, S. 78

Für die Bearbeitung der Aufgabe benötigen die Jugendlichen die Servicehotline der Deutschen Bahn. Zum Zeitpunkt des Abschlusses der redaktionellen Arbeit an diesem Titel waren alle Rufnummern hier zu finden:
www.mobilitaetsportal.info/allgemein/telefon.php
Dort können Sie sich auf „Servicenummern der Deutschen Bahn" weiterklicken.
Die letzte Frage ist besonders wichtig, damit die Jugendlichen die Aufgabe auch hinsichtlich des Themenkomplexes „Gesprächsvorbereitung" reflektieren.

Hier sind Sie falsch!, S. 79

Oft ist es Menschen peinlich, wenn sie am falschen Ort nach etwas fragen oder um etwas bitten. Das ungute Gefühl kommt dabei auch zu Stande, weil man evtl. ausgelacht oder rüde weggeschickt wurde. Die Jugendlichen sollen mit dieser Übung bewusst selbst so eine Situation erzeugen. Es wird ihnen auffallen, dass eine freundlich und angemessen vorgetragene Bitte/Anfrage in der Regel auch freundlich beantwortet wird. Wenn sie dabei dennoch auf unfreundliche Menschen treffen, wird ihnen bewusst werden, wie eine unfreundliche Antwort auf den Fragenden wirkt. So können sie selbst es in der gleichen Situation besser machen.

PRAXIS – EINLEITUNG

Sich nicht abwimmeln lassen, S. 80

Dieses Arbeitsblatt soll den Jugendlichen besonders verdeutlichen, dass der Ausgang eines Gespräches in ihrer Hand liegt und dass sie durch ein wenig Vorbereitung effektivere Gespräche führen können. Lösungsvorschläge für Aufgabe 1 finden Sie auf S. 113.

Ein neuer MP3-Player – Schlechte Beratung, S. 81

Hier geht es um Gesprächsvorbereitung sowie um effektive, gute Gesprächsführung. Außerdem dient die Aufgabe auch dazu, Strategien von Gesprächspartnern zu durchschauen und diesen durch Vorbereitung etwas entgegensetzen zu können. Dieses und das nächste Arbeitsblatt werden die Jugendlichen dazu bringen, den Verkäufer im Verkaufsgespräch mit kritischen Augen zu betrachten und ihm gegenüber selbstbewusst aufzutreten. Lösungsvorschläge zu den einzelnen Aufgaben finden Sie auf S. 113.

Sich beim Einkaufen wehren, S. 82

Hier geht es wieder um das Thema: Freundlich, aber bestimmt nein sagen. Nicht selten wird man in Geschäften beim Einkauf von einem erwartungsvollen oder zu ehrgeizigen Verkäufer unter Druck gesetzt. Lösungsvorschläge finden Sie auf S. 113.

Etwas zurückgeben, S. 83

Ein Produkt nur deshalb zurückzugeben, weil es einem am nächsten Tag nicht mehr gefällt, ist selbst für einen Erwachsenen nicht einfach. Aus Angst, blöd dazustehen oder auf Ablehnung zu treffen, versucht man es oft gar nicht. Durch das Üben eines Rückgabegesprächs in der Gruppe sollen die Jugendlichen Hemmschwellen abbauen. Je nach Gruppenzusammensetzung kann es genügen, darüber kurz zu diskutieren: Was muss ich mitnehmen? Die Ware darf nicht benutzt oder beschädigt sein. Wenn der Verkäufer nicht kompetent erscheint, sollte ohne Skrupel nach dem Chef gefragt werden. Eine Lösung für Aufgabe 1 finden Sie auf S. 114.

Einen gebrauchten Artikel kaufen/verkaufen, S. 84

Durch Beobachten sollen die Jugendlichen erkennen, dass es beim Handeln oder Feilschen nicht nur um kluge Sachargumente und Taktik geht, sondern dass das Gelingen der Verhandlung auch vom strategischen Einsatz der Körpersprache abhängen kann. Ganz entscheidend ist, wie geschickt man sich auf den Verhandlungspartner einstellen kann. Für dieses Rollenspiel könnte das Feedbackformular aus dem Theorieteil hilfreich sein. Eine Diskussion um „gute Sitten" beim Verhandeln kann sich je nach Gruppe anschließen. Natürlich soll hierbei keine „Feilsch"-Mentalität unterstützt werden, sondern die Jugendlichen sollen Chancen und Grenzen des Verhandelns gleichermaßen erkennen. Für Aufgabe 4 finden Sie auf S. 114 einige Vorschläge.

Etwas in der Zeitung verkaufen, S. 85

Lösungsvorschläge finden Sie auf S. 115.

Arzttermin telefonisch absagen, S. 86

Sinn und Zweck dieser Übung ist es nicht nur, sich darauf vorzubereiten, auf einen Anrufbeantworter zu sprechen und dort alle nötigen Informationen zu hinterlassen. Gleichzeitig können sich die Jugendlichen auch mit dem Besprechen des Anrufsbeantworters seitens der Praxis auseinandersetzen.
Für die Aufgabe 4 bietet es sich ggf. an, einen Anrufbeantworter mitzubringen und den Jugendlichen ihre eigene Aufnahme im Anschluss vorzuspielen.
Wenn es aus Zeitmangel nicht möglich ist, den Abend zum Anhören von Sprüchen zu berücksichtigen, können

Sie den Jugendlichen auch folgendes Beispiel zur Bearbeitung der Aufgabe 4 geben:

> „Hallo, Sie sind mit dem automatischen Anrufbeantworter der Gemeinschaftspraxis Hirtemann, Kluge und Walter verbunden. Leider rufen Sie außerhalb unserer Sprechzeiten an. Sie erreichen uns von Montag bis Mittwoch von 9 bis 13 Uhr. Am Dienstag auch von 14 bis 18 Uhr. Und Donnerstag und Freitag von 9 bis 13 Uhr und von 14 bis 16 Uhr 30.
>
> Sie können nach dem Piepton eine Nachricht auf Band hinterlassen. In dringenden Fällen rufen Sie beim medizinischen Notdienst unter der Nummer 97 86 52 an.
>
> Vielen Dank und auf Wiederhören."

Lösungsvorschläge für Aufgabe 1 und 4 finden Sie auf S. 115.

Lächeln durch das Telefon, S. 87

Alternativ zur der „Rücken-an-Rücken"-Übung können Sie die Schüler auch 1- bis 2-mal exemplarisch tatsächlich via Handy telefonieren lassen (wobei einer der beiden den Klassenraum verlässt). Dann sollten Sie den Schülern auf jeden Fall die entstehenden Kosten zurück erstatten. Einige Vorschläge für Aufgabe 3 finden Sie auf S. 115.

Lebensbereich: Beruf/Job

Allgemein gilt es zum Thema Beruf/Job zu sagen: Natürlich kann mit diesem Titel kein umfassendes Bewerbungstraining geliefert werden. Dafür gibt es ausreichend Materialien für die Schule, siehe Literaturtipps (S. 119).

W-Fragen zum Erschließen einer Stellenanzeige, S. 90/91

Lösungsvorschläge für die Aufgaben 1 und 2 finden Sie auf S. 115.

Nach einer Bewerbung fragen, S. 92/93

Das Thema „Nach einer Bewerbung fragen" ist ein prekäres Thema. Es hilft, wenn man diese Situation im Vorfeld trainiert hat, sonst kann man schnell einen unsicheren oder unvorbereiteten Eindruck machen. Davon hängt in dieser Situation viel ab. Lösungsvorschläge finden Sie auf S. 116.

Vorstellungsgespräch – Die ersten Minuten, S. 94

Hier ist es besonders wichtig, den Jugendlichen zu vermitteln, dass es bei dem Arbeitsblatt ausschließlich darum geht, auf Situationen flexibel zu reagieren und einen guten Eindruck zu machen. Damit ist das Thema Vorstellungsgespräch selbst natürlich bei Weitem noch nicht erschöpft. Im Anschluss an das Rollenspiel können einige Tipps für den ersten Eindruck bei einem Vorstellungsgespräch diskutiert werden:

Gesicht/Mimik: freundliches, offenes Lächeln, Blickkontakt (aber nicht anstarren), nicht nach unten schauen
Körperhaltung: Distanzzonen beachten, sich dem Gesprächspartner zuwenden, angemessen durch Händedruck oder freundliches Nicken begrüßen
Sprache: die gleiche Sprache sprechen, der Situation sprachlich anpassen
Stimme: nicht zu laut, aber auch nicht zu leise sprechen, deutliche Aussprache
Kleidung: saubere, gepflegte Kleidung tragen, dem Anlass angemessen
Körperpflege: saubere, gewaschene Haare, saubere Fingernägel, ein angenehmes Deo oder Parfüm

Von sich erzählen, S. 97/98

Lösungsvorschläge finden Sie auf S. 116.

Telefondienst, S. 99

Die Jugendlichen sollen lernen, am Telefon mit Kunden sprachlich angemessen umgehen zu können und eventuelle Nachrichten in sinnvoller Art und Weise weiterzugeben. Lösungsvorschläge finden Sie auf S. 116.

Schwierigkeiten überwinden – Rückfragen stellen, S. 100

Diese Aufgabe ist recht einfach. Hier geht es vor allem darum, Routine im Formulieren von Rückfragen zu gewinnen. Sie können den Schwierigkeitsgrad aber erhöhen, indem Sie beim Formulieren eine Zeitvorgabe geben und die Zeit stoppen, schließlich müssen die Jugendlichen im Ernstfall auch schnell reagieren können. Eine weitere Möglichkeit ist, mit dieser Aufgabe zu beginnen und weitere Situationen zu formulieren (oder von den Jugendlichen für Gruppenmitglieder formulieren zu lassen), in denen dann die Zeit gestoppt wird. Das Ganze kann auch einen Wettbewerbscharakter bekommen: Wer schafft es, in der kürzesten Zeit alle nötigen Rückfragen zu formulieren? Lösungsvorschläge finden Sie auf S. 117.

Ehrlich und unehrlich, S. 101

Natürlich gibt es keine festen Regeln/Symptome, an denen man festmachen kann, ob jemand es ehrlich meint oder nicht. Dennoch gibt es mögliche Anzeichen (Achtung: Die Anzeichen müssen andersrum nicht zwangsläufig auf eine Lüge hinweisen!). Im Übrigen kann man in diesem Fall auch relativ häufig auf das berühmte „Bauchgefühl" vertrauen.
Verdeutlichen Sie den Jugendlichen, dass sie einerseits für ihre Interessen eintreten müssen, andererseits aber auch ein Gespür dafür entwickeln müssen, wann es nicht angebracht sein könnte, jemanden zu „überführen".
Dann können sie sich mit der Frage auseinandersetzen: „Wie sag ich's, ohne unhöflich zu werden? Wie kann ich für meine Interessen einstehen, wenn ich das Gefühl habe, jemand macht mir etwas vor?" Lösungsvorschläge finden Sie auf S. 117.

Kritik annehmen, S. 102

Lösungsvorschläge finden Sie auf S. 117.

Sonstiges

Spiel: Zu wem spreche ich?, S. 104

Dieses Arbeitsblatt eignet sich gut für eine Übung zum Abschluss des Kommunikationstrainings, hier können die Jugendlichen das Gelernte noch einmal wunderbar unter Beweis stellen.

Körpersprache – Diskussion mit den Stummen, S. 105

Durch dieses Spiel erkennen die Jugendlichen, wie wichtig Körpersprache sein kann. Sie werden sehr schnell erstaunliche Kreativität im Einsatz von Mimik und Gestik entwickeln. Eine Diskussion über Gebärdensprache oder auch körpersprachliches Verhalten in anderen Kulturen bietet sich an. Eine Hausaufgabe könnte sein:

- Was kann das Kopfschütteln in anderen Ländern/Kulturen bedeuten?
- Was können geschlossene Augen bedeuten?
- Wie drücken Menschen der verschiedenen Kulturen „Freude" oder „Trauer" aus?

TEIL 2 PRAXIS

Schule/Freunde

Arbeitsblätter

Spielanleitung

1. Sammelt an der Tafel Bitten und Aufforderungen aus eurem Schulalltag (z.B.: „die Tafel wischen", „den Overheadprojektor holen" ...).
   Gruppiert diese in einer Tabelle mit folgenden Spalten:

   - Schüler zu Schüler
   - Schüler zu Lehrer
   - Lehrer zu Schüler

2. Wählt nun aus der Spalte „Schüler zu Schüler" eine Situation aus. Euer Lehrer vergibt jetzt an fünf Schüler jeweils ein Kärtchen. Darauf steht je einer der folgenden „Grade" auf einer Höflichkeitsskala:

   a) sehr höflich/nett
   b) höflich/nett
   c) neutral
   d) unhöflich
   e) sehr unhöflich

   Die fünf schauen sich ihr Kärtchen an, sagen den anderen aber nicht, was darauf steht.

3. Die fünf Schüler können sich eine Minute lang überlegen, wie sich die ausgesuchte Bitte/Aufforderung wohl in dem „Höflichkeitsgrad" anhören könnte, der auf ihrem Kärtchen steht. Dann sprechen sie, einer nach dem anderen, ihren Satz. Beispielsätze findet ihr unten. Auf Wunsch des „Publikums" können sie ihn anschließend noch einmal wiederholen.

4. Nun kommt ein Schüler aus dem „Publikum" nach vorne und versucht, die fünf Schüler von a) bis d) in der richtigen Reihenfolge nebeneinander aufzustellen. Seine Reihenfolge muss er begründen. Wenn er will, darf er die Mitschüler um Rat fragen. Ansonsten schauen die anderen zu.

5. Nun ist das Publikum gefragt. Sind alle mit der Reihenfolge einverstanden? Warum/warum nicht? Wollt ihr noch Änderungen vornehmen? Wenn alle Änderungen vorgenommen sind, halten die fünf ihre Kärtchen hoch.

6. Nun könnt ihr das Spiel mit einer Situation aus den restlichen Spalten wiederholen.

angelehnt an: Maier: Deutsch. Kompetent. S. 86ff.

Beispiel:

Situation: Schüler fragt Mitschüler, ob er bei ihm die Mathe-Hausaufgaben abschreiben kann.

Schüler a) Könnte ich vielleicht deine Mathe-Hausaufgaben abschreiben? Das wär total nett ...
Schüler b) Könntest du mir Mathe geben? Das wär cool ...
Schüler c) Lässt du mich Mathe abschreiben?
Schüler d) Lass mal Mathe rüberwachsen.
Schüler e) Alter, lass mal Mathe rüberwachsen, aber dalli ...

1. **Spielt in der Gruppe das oben stehende Spiel!**
2. **Diskutiert: Gab es grundsätzliche Höflichkeits-Unterschiede zwischen den Situationen „Schüler zu Schüler", „Schüler zu Lehrer", „Lehrer zu Schüler"? Wenn ja, warum?**

Beschweren – Mündliche Note

Folgendes Gespräch findet in der Pause statt:

Stefan: Mann, der Müller war heute wieder krass drauf!

Max: Wieso?

Stefan: Na, der hat mündliche Noten verteilt. Voll mies!

Max: Was haste denn? Ne fünf, oder was?

Stefan: Quatsch, Alter, ne drei. Aber das ist echt ungerecht. Ich melde mich andauernd, aber der sieht das eben nicht.

Max: Na, wenn du auch immer hinten sitzt …

Stefan: Na und? Da sitzen andere auch, und die haben ne 2 plus oder sogar ne 1 bis 2. Die schleimen sich nämlich immer ein. Und mich übersieht der Müller jedes Mal – bestimmt mit Absicht. Dabei machen wir gerade Astronomie, und auf das Thema hab ich total Bock!

Max: Dann beschwer dich doch, wenn du meinst, dass du besser bist!

Stefan: Ach, das bringt ja doch nichts, der hört mir eh nicht zu. Außerdem trau ich mich nicht. Dann ist der erst recht sauer. Ist doch immer das Gleiche …

Max: Ich würd's versuchen. Du musst nur den richtigen Ton finden, halt höflich sein und so. Und natürlich gute Argumente haben.

Stefan: Na ja, vielleicht erwisch ich ja nen guten Moment!

Sich bei Freunden über etwas zu beschweren, ist oftmals kein Problem. Schwieriger wird es schon, wenn es sich um eine höhergestellte Person handelt, die – bildlich gesprochen – am „längeren Hebel" sitzt.

1. **Einige Grundvoraussetzungen, damit eine Beschwerde ernst genommen wird und zu einem befriedigenden Ergebnis führt, kennen Stefan und Max schon. Sieh dir das Gespräch noch einmal genau an. Welche sind es? Kennst du noch mehr?**

2. **Stelle dir vor, du bist Max. Vor dem Gespräch stellst du dir die unten stehenden Fragen, um die passenden Antworten parat zu haben, wenn Herr Müller anderer Meinung ist als du. Wie würdest du sie beantworten? Mache dir Notizen in deinem Heft.**
   a) Was ist der Anlass für die Beschwerde?
   b) Ist die Beschwerde deiner Meinung nach berechtigt?
   c) Welche Gründe kannst du für die Beschwerde anführen?
   d) Welche Gründe könnte der Lehrer angeben, um die Note zu rechtfertigen?
   e) Welchen Lösungsvorschlag für das Problem könnte es geben?

3. **Max ist jetzt prima vorbereitet. Spielt das Beschwerde-Gespräch 2-mal nach.**
   Gespräch A: Herr Müller ist freundlich und kooperativ.
   Gespräch B: Herr Müller hat schlechte Laune und möchte nicht diskutieren.

4. **Gebt „Max" ein Feedback. Wie hat er sich geschlagen? Was hätte er besser machen können? Wenn sein Anliegen gescheitert ist – lag es an ihm oder an Herrn Müller?**

5. **Erstellt gemeinsam einen „Spickzettel" für das Gelingen von Beschwerden:**

Wenn ich mich über etwas beschweren möchte, sollte ich . . .

. . .

Eine Bitte/Aufforderung ablehnen

Kennst du das auch? Eigentlich möchtest du auf eine Bitte/Aufforderung hin nein sagen – weil du zum Beispiel keine Zeit hast, keine Lust hast oder nicht einsiehst, warum du diesen Wunsch erfüllen solltest. Vielleicht magst du die Person nicht einmal besonders, die dich um den Gefallen bittet! Trotzdem sagst du ja.

Oder umgekehrt: Jemand bittet dich um etwas, und du vergreifst dich bei der Antwort im Ton. Vielleicht hättest du der Person auch helfen sollen oder ihr einen anderen Vorschlag machen können!? Nachher tut es dir leid.

1. **Tauscht euch über eure Erfahrungen mit dem „Neinsagen" aus!**

   a) **Hast du schon einmal ja gesagt und etwas getan, was du eigentlich nicht tun wolltest? Wenn ja, halte dir die Situation vor Augen.**
   - **Warum wolltest du den Wunsch nicht erfüllen?**
   - **Warum hast du trotzdem ja gesagt?**

   Notiere auf einem Kärtchen stichwortartig
   - die Person, die dich gefragt hat
   - ihre Bitte bzw. Aufforderung
   - deine Gründe für die Ablehnung
   - deine Gründe dafür, dass du dem Wunsch trotzdem nachgekommen bist.

   Erzähle den anderen von deiner Erfahrung, und gib dein Kärtchen nach vorne zum Lehrer.

   b) **Hast du schon einmal eine Bitte/Aufforderung abgelehnt und dich dabei im Ton vergriffen? Hat es dir nachher vielleicht leidgetan, dass du der Person den Gefallen nicht getan hast?**
   - Warum hast du dich im Ton vergriffen?
   - Warum wolltest du die Bitte/den Gefallen nicht tun?
   - Warum hättest du vielleicht trotzdem ja sagen sollen? Oder hättest du einen konstruktiven Vorschlag machen können?

   Notiere auf einem Kärtchen stichwortartig
   - die Person, die dich gefragt hat
   - ihre Bitte bzw. Aufforderung
   - deine Gründe für die Ablehnung/deine Gründe dafür, dass du der Person trotzdem hättest entgegenkommen sollen.

   Erzähle den anderen von deiner Erfahrung, und gib dein Kärtchen nach vorne zum Lehrer.

2. **Nun sammelt ihr an der Tafel in einer zweispaltigen Tabelle Stichpunkte zu folgenden Aspekten:**
   - Gründe, warum man Bitten/Aufforderungen manchmal ablehnen könnte/sollte
   - Gründe, warum man nicht nein sagen möchte

3. **Jetzt bringt ihr die Situationen „ins Reine"! Sucht euch jeweils einen Partner. Zieht ein Kärtchen, bereitet euch kurz vor, und spielt der Klasse einen Dialog vor, der besser abläuft als die tatsächliche Situation gelaufen ist.**

Tipps:

- ▶ Versucht, den richtigen Ton zu treffen!
- ▶ *Zu a):* Manchmal ist es in Ordnung, Bitten/Aufforderungen abzulehnen. Sagt freundlich und höflich nein – und sagt es eurem Gegenüber, wenn ihr eine gute Begründung habt! Vielleicht habt ihr einen anderen Vorschlag für ihn?
- ▶ *Zu b)* Sucht nach einer Lösung, wie ihr der Person trotz eurer Gründe für das Nein entgegenkommen könnt! Habt ihr einen Vorschlag für sie?

25. April

Hallo liebes Tagebuch!

Tja, kann mal wieder nicht behaupten, dass der Tag heute cool war ... Zwei Stunden Deutsch bei der blöden, strengen Frau Ecke. Wir hatten ewig viel auf: drei Seiten Grammatik-Übungen zum Plusquamperfekt. Wen interessiert das denn bitte? Aber ich brauche halt meine Zwei in Deutsch, deshalb habe ich mich wirklich bemüht, alles fertigzubekommen. Dafür habe ich sogar auf meine Lieblingssoap verzichtet ...

Das war ja gar nicht soooo tragisch. Was mich viel mehr genervt hat, war, dass Olga wieder in der großen Pause angetanzt kam, mich angeschleimt hat und dann gefragt hat, ob sie schnell noch Deutsch abschreiben kann. Sie hätte gestern unbedingt mit ihrem Freund ins Kino gehen müssen, der wär' sonst sauer gewesen. Deshalb hat sie's angeblich nicht mehr geschafft. Das kotzt mich echt an! Das war jetzt schon das dritte Mal in zehn Tagen, dass sie so ankommt. Aber wenn ich mal was will oder einfach nur auf dem Schulhof mal quatschen will, dann lässt sie mich immer links liegen, da sind die Mädels aus der Schicksen-Clique dann cooler ... Ich fühle mich so ausgenutzt! Und andererseits will ich auch keine Zicke sein ... Ich weiß echt nicht mehr, was ich machen soll.

Eigentlich kann ich Olga ja leiden, und ich weiß auch, dass sie echt Probleme mit Deutsch hat. Grundsätzlich ist es mir ja auch egal, wenn jemand bei mir abschreibt, aber ich mache mir den Stress, und Olga hat das tolle Leben – das finde ich echt ungerecht. Ist ja jedes Mal so! Ich hätte auch lieber meine Soap gesehen gestern ... Aber wenn ich es ihr sage, bin ich bestimmt der Depp. Tja, du kannst mir wohl auch nicht helfen, da die richtigen Worte zu finden, oder?

Deine Sophie

1. **Wie kann Sophie mit Olga sprechen, ohne dass sie gleich als „Zicke" dasteht? Um festzulegen, wie/mit welchen Worten sie ihre Gedanken oder Bedenken an Olga weitergeben kann, musst du zunächst genauer analysieren: Wer sagt was zu wem, mit welcher Absicht? Beantworte die folgenden Punkte stichwortartig in deinem Heft.**

   a) Wer:
   Charakterisiere Sophie: Was für ein Typ ist sie deiner Meinung nach? Wie ist ihre Stellung/Rolle in der Klasse? Ihre Einstellung zu Freundschaft, Schule, Lernen? Wie steht sie zu Olga?

   b) Was:
   Nun muss Sophie für sich klären, was sie Olga sagen will. Will sie ihre eigenen Sorgen/Gedanken mitteilen? Das Verhalten von Olga kritisieren? Olga erklären, warum man Hausaufgaben am besten selbst erledigt? Hier spielt auch das Wie mit rein. Sieh dir dazu das Arbeitsblatt zu Ich-Botschaften noch einmal an (S. 34).

c) Wem:
Charakterisiere Olga: Was für ein Typ ist sie deiner Meinung nach? Welche Rolle spielt sie in der Klasse? Welche Einstellung hat sie zu Schule, Lernen, Freundschaft? Wie steht sie zu Sophie? Wie wird sie voraussichtlich reagieren/wie kann Sophie auf ihre Antworten reagieren?

d) Mit welcher Absicht:
Sophie schreibt in ihrem Tagebuch von ihren zwiespältigen Gefühlen. Sie möchte im Grunde auch mit Olga offen darüber reden. Was bezweckt sie damit? Dass es ihr besser geht? Dass Olga ihr Verhalten ändert? Dass sie in Ruhe gelassen wird? Dass Olga sie versteht? Dass Olga auch ein bisschen hilfsbereiter wird?

2. **Sophie hat mit Olga gesprochen. Dabei hat sie sich die Lektion mit den Ich-Botschaften zu Herzen genommen (S. 34). Das Gespräch ist positiv verlaufen. Schreibe den folgenden Tagebucheintrag in deinem Heft zu Ende. Schildere das Gespräch zwischen den beiden. Gehe dabei auf Olgas Reaktion und auch darauf ein, wie Sophie sich jetzt fühlt und warum.**

28. April

Liebes Tagebuch!

Heute habe ich endlich mit Olga über mein Problem gesprochen. Ich habe ihr gesagt, dass ______

Sie hat mich zuerst nicht verstanden. Sie meinte, dass ich ______

Aber ich habe ihr erklärt ______

Sich entschuldigen

Während des Sporttrainings geht Nina in die Umkleidekabine, um etwas zu trinken. Weil sie geschwitzt hat, rutscht ihr die Flasche mit der Apfelsaftschorle aus der Hand – und ergießt sich ausgerechnet in die Tasche ihrer Freundin Eva! Nina sieht sich den Schaden genauer an und stellt fest, dass nicht nur ein weißer Pullover nass geworden ist, sondern auch Evas Handy. Anscheinend ist es kaputt.
Nina ist total erschrocken. Sie überlegt kurz, ob sie gar nicht sagen soll, dass sie es war. Aber dann beschließt sie, ihrer Freundin den Vorfall zu „beichten" und sich zu entschuldigen. Das ist aber nicht so einfach. Es geht bei dem Gespräch schließlich nicht nur um Klamotten und ein Handy, sondern auch um Freundschaft.

1. **Was glaubst du – warum will Nina ihrer Freundin erst nicht sagen, was passiert ist? Was empfindet sie, nachdem ihr das Missgeschick passiert ist?**
2. **Diskutiert in der Gruppe, warum das Entschuldigen in manchen Situationen schwerfällt. Tauscht eure Erfahrungen aus.**
3. **Nina weiß nicht, wie Eva reagieren wird. Um die richtigen Worte zu finden, muss sie sich zunächst in die Freundin hineinversetzen und überlegen, was sie empfinden wird. Was denkst du – welche Gefühle wird Eva haben?**
4. **Wie könnte Nina das Gespräch beginnen? Notiere ihre ersten Sätze in deinem Heft.**
5. **Nina sollte sich auch überlegen, was sie Eva als Wiedergutmachung anbieten könnte. Welche Möglichkeiten fallen dir ein?**
6. **Nun bist du gut vorbereitet. Suche dir einen Partner, und spiele mit ihm die Entschuldigungsszene vor der Gruppe nach. Lasst euch ein Feedback über euren „Auftritt" geben. Wie beurteilen die anderen das Gespräch? Warum hat die Entschuldigung gut geklappt – oder warum nicht? Im Anschluss sagt ihr der Gruppe, wie es euch ergangen ist. Was ist euch schwergefallen? Was ist euch leichtgefallen? Seid ihr mit der Lösung zufrieden?**

Ein Jugendmagazin hat seine Leser nach ihrer Meinung zum Thema „Streber" gefragt. Folgender Leserbrief wurde in der nächsten Ausgabe veröffentlicht:

Hallo, ich bin Kai. Mich betrifft das Thema ziemlich direkt.

Ich bin ein sehr guter Schüler. Schon immer hat mir das Lernen Spaß gemacht. Weiß auch nicht, warum. Ist halt so! Habe auch immer schon viel gelesen. Ich finde es einfach interessant, wie die Welt so funktioniert. Mathe finde ich am geilsten. Beim Knobeln, bis endlich eine Aufgabe gelöst ist, kann ich total die Zeit vergessen. Sprachen finde ich nicht so toll, aber die Vokabeln muss ich mir nur einmal reinziehen, und schon sind sie im Kopf. Echt, das ist einfach so. Klar, es hängt auch damit zusammen, dass ich im Unterricht gut aufpasse. Aber ist das schlimm, wenn's mich doch total interessiert? Trotzdem krieg ich noch mit, was die anderen quatschen, weil ich meistens hinten sitze. Meine Kommentare auf den hin- und hergeschobenen Zetteln sind auch nicht ohne – find ich auch echt witzig, was da teilweise so abgeht.

Aber in der Klasse hab ich meine Rolle weg. Manchmal fragt mich jemand, ob ich Zeit habe, mit ihm für eine Arbeit zu lernen. Das ist okay, und ich mache es gerne. Aber dann gibt es auch so Typen, die mich nur wegen meiner guten Noten „Streber" nennen. Das ärgert mich kolossal, da fällt mir dann nichts zu ein. „Streber" ist so ein richtig blödes Schimpfwort. Wenn einer fies ist gegenüber den anderen oder rumschleimt und angibt, dann ist er vielleicht einer, aber ich? Manchmal wünschte ich, ich würde auch schlechte Noten schreiben, nur damit ein paar Idioten mich nicht mehr nerven. Oder ich hätte ein paar gute Antworten parat, wenn ich mal wieder „Du blöder Streber" genannt werde. Hat jemand Tipps?

Liebe Grüße

Kai

1. **Suche dir einen Partner. Stellt euch folgende Situation vor: Der Mathe-Lehrer kommt zu spät, und die Schüler unterhalten sich im Klassenraum. Kai rutscht heraus, dass ihm die Mathe-Hausaufgaben dieses Mal richtig Spaß gemacht haben. Prompt bekommt er die Quittung von seinem Mitschüler Markus: „Streber!" Denkt euch gemeinsam vier Antworten aus, mit denen Kai sich friedlich gegen den Vorwurf wehren kann. Denkt dabei an Kais positive Eigenschaften, z.B. Neugierde, Interesse, Wissensdurst, Freude am Lernen, Fleiß, gute Auffassungsgabe, gutes Methodenwissen, Begeisterung für schulische Inhalte, Hilfsbereitschaft …**
2. **Von euren vier Antworten sucht ihr euch die beiden besten aus. Jeder von euch trägt eine der Antworten mit der entsprechenden Betonung und Körpersprache der Klasse vor. Das könnt ihr vorher ausprobieren: Wie steht ihr? Wie seht ihr euer Gegenüber an?, etc.
Die Klasse gibt euch jeweils ein Feedback. Wie überzeugend wart ihr? Wie würde Markus wohl reagieren?**

Trösten/Aufmuntern – Spontan reagieren

Ihr habt drei Rollenspiele zum Thema „Trösten/Aufmuntern" durchgespielt bzw. angesehen.

Aufmuntern/Trösten	
„Dos"	„Don'ts"
aktiv zuhören	

1. **Erstellt nun gemeinsam eine Tabelle der „Dos" und „Don'ts" des Aufmunterns/Tröstens. Wie sollte man sich verhalten, wenn es dem Gegenüber nicht gut geht? Wie sollte man sich keinesfalls verhalten?**
2. **Ist einer der Dialoge nicht so gut verlaufen? Spielt ihn noch einmal nach, wenn ihr gemeinsam die Tabelle erstellt habt. Funktioniert es jetzt besser?**
3. **Hast du schon mal erlebt, dass jemand Trost brauchte und du nicht wusstest, was du sagen solltest? Fällt dir – nach den Rollenspielen – eine passende Reaktion ein?**
4. **Hast du schon einmal Trost gebraucht, und jemand hat nicht so reagiert, wie du es dir gewünscht hättest? Was hat er getan? Welche Reaktion hättest du dir stattdessen gewünscht?**
5. **Oder hast du schon mal Trost gebraucht und jemand hat besonders toll/einfühlsam reagiert?**
6. **Von wem würdest du dich gerne trösten/aufmuntern lassen, von wem nicht? Kannst du das verallgemeinern?**

Beispiel:

„Ich würde mich nicht von meiner Tante Lilli trösten lassen. → Ich würde mich nicht von jemandem trösten lassen, den ich nicht mag."

© Verlag an der Ruhr | Postfach 10 22 51 | 45422 Mülheim an der Ruhr | www.verlagruhr.de | ISBN 978-3-8346-0499-6

Schule/Freunde:

Geld zurückfordern

Frank hat seinem Kumpel Leo in der Schule 24,80 Euro für ein Schulbuch geliehen, das dieser dringend beim Lehrer bezahlen musste. Seit zwei Wochen versucht er nun, das Geld zurückzubekommen. Er wird immer wieder auf den nächsten Tag vertröstet. Zunächst hat Frank freundlich an das Geld erinnert, doch jetzt wird sein Ton immer aggressiver. Schließlich flippt er aus. Folgender Dialog entsteht:

Frank: Ey, Alter, wenn du mir morgen nicht endlich meine Kohle gibst, dann hol ich sie mir bei deinen Alten. Ich lass mich doch nicht verarschen!

Leo: Was bist du denn für ein Kumpel? Stell dich bloß nicht so an. Bin gerade voll Ebbe, sorry. Wirst deine blöde Kohle schon noch kriegen! Ich dachte, wir wären Freunde …

1. **„Beim Geld hört die Freundschaft auf", sagt der Volksmund. Kannst du diesen Spruch bestätigen? Wie ist es bei dir – leihst du Geld an Freunde aus? Oder musst du dir öfter mal Geld von Freunden leihen? Wie sieht es dann mit dem Zurückzahlen aus? Tausche deine Erfahrungen mit den anderen aus!**

2. **Wie beurteilst du die Situation zwischen Frank und Leo? Wie schätzt du Franks Verhalten ein? Was denkst du über Leo? Teile der Gruppe deine Meinung mit.**

3. **Versetze dich in Franks Situation hinein. Stelle dir vor, du brauchst dein Geld dringend zurück, möchtest aber die Freundschaft nicht gefährden (unabhängig davon, was von Leo zu halten ist). Welche sprachlichen Möglichkeiten hast du, um deiner Forderung nach Rückgabe Nachdruck zu verleihen? Vielleicht findest du ein unschlagbares Argument?**
   Hilf Frank bei einer angemessenen Formulierung seiner Forderung – denke dabei an die vier Kommunikationsebenen, die er sprachlich nutzen kann (siehe Arbeitsblatt „Kommunikationsebenen", S. 27). Entscheide, welche Ebene du wie gewichten möchtest – und was du auf den einzelnen Ebenen mitteilen willst. Auch dein Wissen über „Ich-Botschaften" (S. 34) kann dir hierbei helfen. Du kannst die Botschaft so formulieren, dass sie nicht verletzend wirken muss. Notiere die Forderung in deinem Heft.

4. **Suche dir einen Partner. Spielt die Situation nach, und lasst euch von den Mitschülern ein Feedback geben. Achtet auch auf Betonung, Mimik und Körpersprache.**

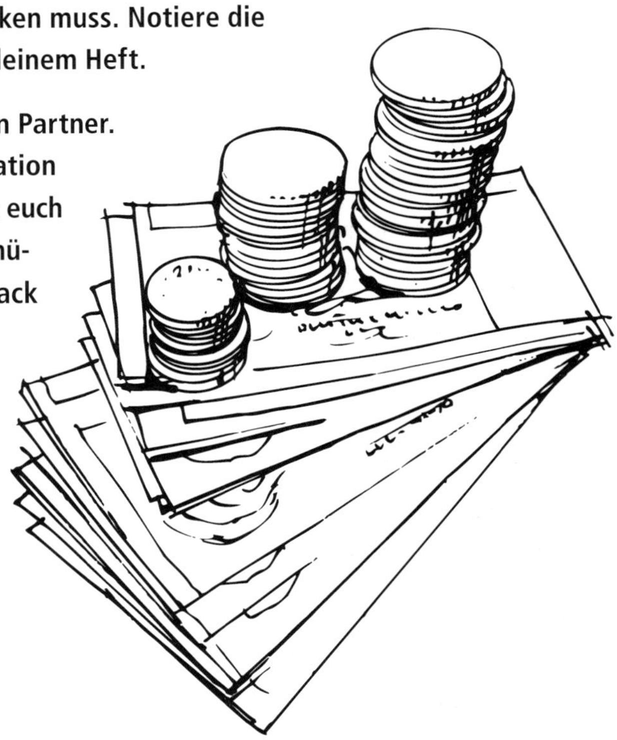

i Oft enden Beleidigungen in einem Streitgespräch, weil man widerspricht oder aggressiv reagiert. Aber wie kannst du auf eine Beleidigung reagieren, wenn du dich nicht streiten willst? Mit deiner Antwort kannst du bestimmte Techniken anwenden. Z.B. die folgenden:

a) ***Kurze Antwort:*** *„Tatsächlich?"*

b) ***Hörfehlermethode:*** *„Hast du gerade gesagt: ‚Du bist total bescheuert', oder habe ich mich verhört?"*

c) ***Schweigen/Abwarten:*** *Augenbrauen hochziehen o. Ä.*

d) ***Zustimmen/Übertreiben:*** *„Du hast so dermaßen recht! Leider!/Dass du das so schnell merkst!"*

e) ***Als Kompliment auffassen:*** *„Oh, vielen Dank! Ich bin echt stolz!"*

f) ***Offen lassen:*** *„Kann sein!"*

g) ***Nachfragen/Dumm stellen:*** *„Meinst du bescheuert wie bescheuert?"/„Und weiter?"*

h) ***Hinterfragen:*** *„Das ist gar nicht wahr. Warum sagst du das?"*

i) ***Spiegeln:*** *„Ehrlich gesagt, könnte ich mir vorstellen, dass du das sagst, weil du in Wirklichkeit ein ganz anderes Problem hast: …" (Vorsichtig formulieren, Verletzungen vermeiden!)*

j) ***Ich-Botschaft (siehe auch S. 34):*** *„Das verletzt mich wirklich, ich finde es nicht fair, wie du mit mir sprichst."*

1. **Was glaubst du – welche der Reaktionen a)–j) sind angemessen/nehmen dem Beleidiger „den Wind aus den Segeln"? Welche Reaktionen bringen dich deiner Meinung nach eher nicht weiter?**
2. **Jeder schreibt auf ein Kärtchen eine Beleidigung, die er als verletzend empfindet. Das kann eine Beleidigung sein, die ihr selber mal zu hören bekommen habt, oder eine, mit der ihr andere beleidigt habt. Der Zettel wird anonym nach vorne gegeben.**
3. **Ein Mitschüler liest die Beleidigungen vor und heftet sie dann an eine Tafel. Danach sucht die Klasse zwei Beleidigungen aus, die besonders häufig vorkommen; außerdem zwei, die besonders gemein sind. Diese vier Beleidigungen werden so aufgehängt/aufgeschrieben, dass jeder sie lesen kann.**
4. **Sucht euch einen Partner. Überlegt euch, wie man auf die vier Beleidigungen reagieren könnte, ohne aggressiv zu werden. Sucht zu jeder Beleidigung mindestens zwei Antworten. Nehmt dabei von den oben vorgeschlagenen Techniken a)–j) die zu Hilfe, die ihr am sinnvollsten findet. Verwendet nicht einfach die Beispiel-Antworten – seid kreativ!**
5. **Mit eurem Partner tragt ihr euren „Mini-Dialog" vor der Klasse vor. Der „Beleidiger" muss auf die Antwort wiederum angemessen reagieren. Achtet auf eure Körpersprache: Der Beleidigte sollte seine Antwort mit fester Stimme vortragen, dem „Beleidiger" dabei in die Augen sehen und sich möglichst selbstsicher geben. Lasst euch von der Klasse ein Feedback geben.**

angelehnt an: Berthold: Im Deutschunterricht …, S. 129ff.

Eine Einladung ablehnen

Folgendes Telefonat findet zwischen Alex und Maria statt:

Alex: Hi, Maria, hier ist Alex!

Maria: Hi! *(Nicht der schon wieder … Der ruft jetzt in zwei Wochen schon das vierte Mal an …)*

Alex: Ich wollte mal fragen, ob du heut Abend Bock aufs Kino hast! Im Rex läuft der neue Film von Stephen Spielberg …

Maria: Äh, weiß nicht. *(Mit dem bestimmt nicht! Kapiert der nicht, dass der so gar nicht mein Typ ist?)*

Alex: Hast du schon was anderes vor?

Maria: Eigentlich ja! *(Oh Gott, was fällt mir schnell ein?)*

Alex: Kannst du das nicht verschieben? Komm, der Film soll echt stark sein!

Maria: Kann sein, aber das geht heut irgendwie schlecht. *(Mann, der nervt…)*

Alex: Du hast doch letztes Mal schon abgesagt. Ich lad dich natürlich ein!

Maria: Ne, du, das klappt heut echt nicht. Muss noch voll viel machen. *(Wann gibt der endlich auf?)*

Alex: Okay, dann hau rein. Gehen wir dann nächste Woche mal? Ich ruf dich an. Ciao!

Maria: Ja, ja, ciao! *(Puuh, mal wieder geschafft!)*

Anschließend schaltet sich Marias Schwester ein, die das Telefonat mitverfolgt hat:

Tina: Ich versteh dich nicht. Warum sagst du dem Typen nicht einfach, was Sache ist?

Maria: Aber wie?

Tina: Pff, keine Ahnung! Sag doch einfach so was wie: „Du nervst, lass mich in Ruhe", oder: „Kapierst du Depp eigentlich gar nichts?" Oder sag ihm, dass er sich für seinen Telefonterror 'ne andere suchen soll!

1. **Ging es dir schon einmal so ähnlich wie Maria? Tausche dich mit den anderen aus!**
2. **Was macht Maria falsch?**
3. **Erinnerst du dich an die Du-Botschaften und die Ich-Botschaften? Lies dir das Arbeitsblatt dazu noch einmal durch (S. 34). Erkläre zunächst, inwiefern das Verwenden von Ich-Botschaften Maria helfen kann. Hilft es auch Alex, wenn Maria ihren Standpunkt in einer Ich-Botschaft vermittelt? Warum? Erläutere außerdem, was du nach allem, was du schon über Kommunikation weißt, von Tinas Vorschlägen hältst.**
4. **Suche dir nun einen Partner. Überlegt euch angemessene Antworten auf Alex' wiederholte Einladung, und beachtet dabei die Regeln für das Formulieren von Ich-Botschaften. Spielt dann das Telefonat vor der Klasse nach, und diskutiert eure Vorschläge.**
5. **Keine Situation ist genau wie die andere. Fallen dir Anmachen ein, bei denen man mit einer Ich-Botschaft nicht weit kommen wird? Notiere deine Ideen. Notiere auch, wie du stattdessen darauf reagieren würdest. Diskutiert eure Vorschläge in der Klasse.**

TEIL 2
PRAXIS

Elternhaus

Arbeitsblätter

Diskussion Medienkonsum

Vater und Mutter sitzen vor dem Fernseher. Lena holt sich aus der Küche etwas zu trinken. Kaum erscheint sie in der Tür, meckert der Vater: „Du hockst jetzt schon wieder seit Stunden vor deinem PC. Kannst du nicht mal mit Freunden etwas unternehmen?"

1. Tauscht eure Erfahrungen über den Medienkonsum bei euch zu Hause aus. Mit welchem Medium verbringst du die meiste Zeit? Bist du dabei allein oder mit anderen zusammen? Sind daraus schon Diskussionen zwischen dir und deinen Eltern entstanden?

2. Lena ist sauer, schließlich hocken die Eltern auch ständig vor dem Fernseher. Sie reagiert gereizt auf den Vorwurf des Vaters. Suche dir einen Partner, und gehe den Ablauf des Dialogs mit ihm durch. Mindestens zwei Gruppen spielen ihn vor der Klasse nach. Die Klasse beobachtet:
Wie reagieren Vater und/oder Mutter jeweils auf die Antwort? Woran liegt das?
Die restlichen Aufgaben auf dem Arbeitsblatt lest ihr erst nach Spiel und Auswertung!

3. Nun haben wir eine andere Ausgangssituation. Während Lena im Spiel zuvor einfach sauer war, weiß sie jetzt schon genau so viel über Kommunikation wie du! Besonders die Lektion zu den Ich- und Du-Botschaften hat sie sich gemerkt.
Lies dir das Arbeitsblatt (S. 34) noch einmal durch, und spiele die Situation erneut mit deinem Partner durch.
Was läuft jetzt anders? Warum?

4. Wie wäre wohl die Diskussion verlaufen, wenn der Vater sein Anliegen als Ich-Botschaft vorgebracht hätte, nämlich so: „Mir ist aufgefallen, dass du jetzt schon zwei Stunden vor deinem Computer sitzt. Ich mache mir Sorgen, dass du zum Einzelgänger wirst. Ich finde, es wäre netter, wenn du etwas mit deinen Freunden unternimmst". Wie würde die Tochter wohl darauf antworten?

Beschweren – Wie man in den Wald hineinruft …

Diese Situation kennt jeder von euch: Ihr sitzt gemütlich in eurem Zimmer vor dem PC oder hört Musik. Da kommen Vater oder Mutter herein, und ihr hört z.B. folgende Sätze:

- „Mach deine Musik endlich leiser!"
- „Deine Schuhe liegen immer noch im Weg herum!"
- „Räum endlich mal dein Zimmer auf!"

Je nachdem, in welcher Stimmung eure Eltern gerade sind und in welcher Laune ihr euch befindet, kann sich das unterschiedlich anhören und auch zu unterschiedlichen Reaktionen führen.

1. Führt in der Gruppe zwei Rollenspiele mit den unten stehenden Teilnehmern durch. Die Spieler sollen versuchen, sich in die Stimmung der unterschiedlichen Personen zu versetzen.

Mutter A und B gehen vor die Tür. Zunächst kommt Mutter A herein und beschwert sich. Wenn der Dialog beendet ist, folgt Mutter B.

Mutter A: Sie hatte einen anstrengenden Tag im Geschäft. Ihr Chef hat sie zum wiederholten Mal für Arbeiten herangeholt, für die sie laut Vertrag nicht zuständig ist und dann noch an ihr herumgenörgelt. Sie wünscht sich einfach nur eine halbe Stunde Ruhe. Als sie nach Hause kommt, hört sie schon den dröhnenden Bass aus dem Zimmer ihres Sohnes.

Mutter B: Sie kommt heute ausnahmsweise eine Stunde früher nach Hause, weil sie ihre Arbeiten gut und schnell erledigt hat. Ihre Kollegin hat ihr freundlicherweise geholfen. Sie freut sich, ein bisschen Zeit mit ihrer Familie verbringen zu können und vielleicht ihre Lieblingsshow im Fernsehen noch mitzubekommen. Auch sie hört, dass ihr Sohn zu Hause ist und die Musik sehr laut ist.

Sohn: Er hatte heute einen super Tag. Die letzten zwei Schulstunden sind ausgefallen und in Sport hat es endlich mal ein Lob vom Lehrer gegeben. Gut gelaunt liegt er auf dem Bett und hört seine Lieblingsmusik.

2. Diskutiert nun das unterschiedliche Kommunikationsverhalten:
- **Haben die Mütter deutlich gemacht, mit welcher Absicht sie ins Zimmer gekommen sind?**
- **Welchen Einfluss hatte die Laune der Mutter auf das Verhalten des Sohnes?**
- **Wie (mit welchen Worten, Mimik, Gestik, Stimmlage) haben die Mütter jeweils auf das Verhalten des Sohnes reagiert?**
- **Welche Beziehung haben Mütter und Sohn zueinander? Ist das erkennbar?**
- **Wer hat am ehesten zum Gelingen/Misslingen des Gesprächs beigetragen?**

3. Von der Situation des Sohnes ausgehend, kannst du vielleicht ein paar allgemeine Grundsätze festlegen. Wie kannst du angemessen reagieren, wenn jemand sich bei dir über etwas beschwert? Wie kannst du vermeiden, dass es zu einem ernsthaften Konflikt kommt (vor allem, wenn derjenige, der sich beschwert, ohnehin gereizt ist, wie Mutter A)? Fällt dir (hier für den Mutter-Sohn-Konflikt) ein Kompromiss ein? Notiere deine Vorschläge stichpunktartig in deinem Heft!
- **Ich lasse den anderen ausreden**
- **…**

4. Sammelt eure Vorschläge an der Tafel. Hat der Sohn es zuvor geschafft, im Dialog mit Mutter A zu einem friedlichen Ende zu kommen? Wenn nicht, spielt ihn nun anhand der erarbeiteten Vorschläge noch einmal durch!

Um etwas bitten – Neuer PC

Sven (14) und Susanne (16) sind die Kinder von Werner und Anne Meier. Herr Meier ist Facharbeiter, Frau Meier hat sich bislang um die Kinder gekümmert und ist nun auf der Suche nach einem neuen Job.
Die Familie hat seit vier Jahren einen Computer, den jeder benutzen darf. Susanne chattet ständig mit ihren Freundinnen, und Sven kommt kaum dazu, mal ein Computerspiel zu spielen. Außerdem laufen die meisten Spiele auf dem veralteten PC wegen der benötigten Grafikfunktion nicht vernünftig. Sven muss immer zu seinen Freunden zum Spielen gehen. Das ist ihm peinlich. Auch ins Internet kann er viel zu selten. Er wünscht sich einen eigenen PC, auf den er uneingeschränkt zugreifen kann. Er möchte mit seinem Vater darüber sprechen.

1. **Stelle dir vor, du bist Sven. Für diese Art von Gesprächen ist eine gute Vorbereitung wichtig. W-Fragen helfen dir dabei. Mache dir in deinem Heft Notizen zu den folgenden Punkten:**
   a) **Was** ist der **Anlass** des Gesprächs, **welche Absicht** habe ich?
   b) **Wann** und **wo** kann das Gespräch stattfinden? Welcher Zeitpunkt ist der richtige?
   c) Welche **Interessen/Ziele** verfolge ich? Welche Interessen/Ziele könnten dagegen meine Eltern haben? Was möchte ich erreichen?
   d) Welche **Beziehung** habe ich zu meinen Eltern? Welche **Grenzen** werden mir durch meine Rolle gesetzt?
   e) Wie mache ich einen **guten Eindruck** (hier: Wie vermittle ich meinen Wunsch am besten)? Welche „Sprache" muss ich sprechen?

2. **Nun teilt ihr die Gruppe in „Väter" und „Svens". Macht euch im Vorfeld zu eurer jeweiligen Rolle Gedanken. Welche Argumente könnt ihr im Gespräch anbringen? Hier noch einige Informationen:**
   Herr Meier weiß selbst, dass der „Familiencomputer" schon veraltet ist. Er versteht auch, dass beide Kinder den Zugang zu einem Computer wünschen. Aber die Winterreifen für das Auto haben alles Geld aufgebraucht, und nun ist Sparen angesagt. Er möchte gerne warten, bis das Geld reicht, um einen richtig hochwertigen, aktuellen PC zu kaufen.
   Auch Sven, der weiß, dass das Geld für einen neuen PC nicht einfach da ist, muss sich gut überlegen, auf was er eigentlich hinauswill, was genau sein Ziel ist:
   - Will er einen supertollen, modernen, neuen PC? Oder gibt es Alternativen?
   - Woher soll das Geld dafür kommen?
   - Bis wann soll der PC da sein?
   - Soll der PC wieder ein „Familien-PC" sein?

3. **Spielt die Situation mehrmals, mit unterschiedlicher Besetzung, durch. Nach jedem Dialog lassen sich die Spieler von der Klasse ein Feedback geben. Was hat der Vater, was hat Sven gut gemacht? Was hätte man besser machen können? Ist die Lösung für beide akzeptabel? Was sagen die „Spieler"? Sind sie zufrieden mit Gesprächsverlauf und -ergebnis?**

4. **Legt gemeinsam eine Regelliste für eine zweckmäßige Gesprächsführung mit Eltern fest. So könnte sie beginnen:**

Wenn ich von meinen Eltern etwas erbitten will, dann sollte ich ...

angelehnt an: Berthold: Im Deutschunterricht ..., S. 106 ff.

 | ISBN 978-3-8346-0499-6

Elternhaus:

Entschuldigen – Der Ton macht die Musik (1/2)

i *Den meisten Menschen fällt es nicht leicht, sich zu entschuldigen. Aber wenn man weiß, wie es geht, und es oft genug übt, ist es halb so schlimm. Denkt dabei an zwei Sprüche, die ihr bestimmt kennt:*
„Ehrlich währt am längsten"
„Der Ton macht die Musik".
Doch nicht nur über das ***Was*** *(nämlich was genau habe ich falsch gemacht) und* ***Wie*** *(höflich und freundlich) solltet ihr nachdenken, sondern auch über das* ***Wann*** *(wann ist der beste Zeitpunkt für die Entschuldigung). Voraussetzung ist in jedem Fall, dass ihr euer eigenes falsches Verhalten einseht und um Verständnis bitten wollt.*

Im Vorfeld einer Entschuldigung solltet ihr euch überlegen:

1. ***Was*** *war das eigentliche Fehlverhalten? Was ist passiert?*
2. ***Warum*** *habe ich so gehandelt? (Vergesslichkeit, Dummheit, Faulheit, Wut?)*
3. *In* ***welcher Situation*** *habe ich mich befunden? War ich abgelenkt oder unachtsam?*
4. *Wie* ***schließe*** *ich das Gespräch* ***ab?*** *(Es tut mir leid …, In Zukunft werde ich …, Nächstes Mal …)*

Es ist wichtig, dass ihr die Situation sachlich und genau darstellt. Aber genauso wichtig ist, dass ihr eure Gefühle schildert, z.B.: „Ich war einfach wütend", „Ich war so happy", „Es hat so Spaß gemacht".

In einer Familie gibt es natürlich immer wieder Situationen oder Gelegenheiten, in oder nach denen man sich entschuldigen sollte. Hier die Aussagen einiger Jugendlicher:

Philipp, 12: „Als ich neulich meine Schultasche nicht aufgeräumt habe, ist meine Mutter gleich ausgeflippt!"

Petra, 15: „Ich hätte am Dienstag um 22.00 Uhr zu Hause sein sollen. Habe mich total verquatscht. Bin dann eine halbe Stunde zu spät gekommen. Jetzt darf ich Sonntag nicht auf den Geburtstag meiner Freundin! So ein Mist!"

Susi, 14: „Ich habe mir für einen Filmabend DVDs von meiner Mutter ausgeliehen. Über eine davon habe ich aus Versehen eine Cola ausgeleert. Mann, war die sauer. Ich wusste gar nicht, was ich sagen sollte."

Jörg, 15: „Meine Mutter wollte, dass ich ihr auf dem Heimweg von der Schule noch Eier mitbringe – für die Pfannkuchen. Gerade an dem Tag hat mich Lena gefragt, ob ich mit ihr zum Bahnhof laufe statt auf den Marktplatz zur Bushaltestelle. Auf so ein Angebot hatte ich schon lange gewartet. Die Eier habe ich total vergessen. Das war superpeinlich!"

Ivo, 13: „Ich war gerade mitten im PC-Spiel, da wollte mein Vater unbedingt, dass ich ihm sofort beim Autoausladen helfe! Da habe ich gleich mal einen Schrei losgelassen. Es gab einen riesigen Krach. Meine Mutter meint, ich soll mich entschuldigen."

1. **Fallen euch ähnliche Situationen ein? Berichtet in der Klasse von euren Erfahrungen mit euren Eltern. Stehen für irgendein Verhalten noch Entschuldigungen aus?**
   Warum habt ihr euch noch nicht entschuldigt? Wenn ihr euch nicht getraut habt – woran lag das? Sammelt eure Beispiele stichpunktartig an der Tafel.

Entschuldigen – Der Ton macht die Musik (2/2)

2. **Schreibt für die fünf Jugendlichen eine Entschuldigung in die unten stehenden Kästchen!**
3. **Diskutiert über eure Lösungsvorschläge in der Kleingruppe.**
4. **Seht euch dann noch einmal die Stichpunkte an der Tafel an (siehe Aufgabe 1). Könnt ihr jetzt jemandem helfen, der noch eine Entschuldigung offen hat? Geht mit dem „Missetäter" zusammen noch einmal die vier Fragen im Infokasten durch. Helft ihm dann mit einer „Musterentschuldigung". Ermuntert ihn, diese zu Hause auszuprobieren und lasst euch später berichten, wie es gewesen ist.**

Jörg:

Philipp: *Du, Mama, kann ich dir kurz was sagen? – Wegen neulich, als ich den Schulranzen nicht aufgeräumt habe ...*

Ivo:

Susi:

Petra:

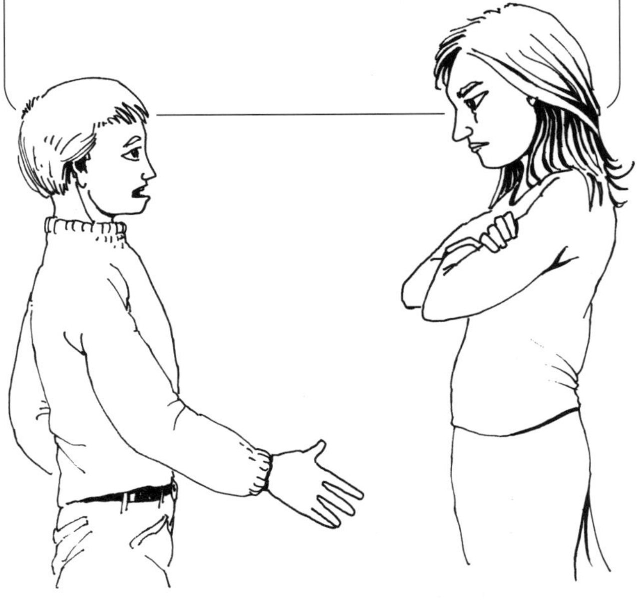

Oma und Opa kommen zum Essen

Lena und Kevin haben ihre Großeltern zu Besuch. Sie haben ein sehr gutes Verhältnis zu ihnen. Auf die Frage der Oma, was sie am Samstagabend so gemacht haben, fangen sie gleich an, zu erzählen:

Kevin: Ich war auf einer voll abgefahrenen Party. Eigentlich sollte es ja ne LAN-Night werden. Aber dann waren so aufgestylte Tussis da, die mal so gar nichts geschnallt haben. Kamen sich aber vor wie die ultra Granaten. War echt abtörnend. Schließlich haben wir uns ein bisschen die Dröhnung gegeben und voll den Punk rausgelassen. Da ging echt was ab, Alter, mit coolen Sprüchen und so. Die Schnecken haben sich irgendwann abgeseilt, und wir Männer haben noch vier Stunden gezockt. Voll krass, ey!

Lena: Samstag war's bei mir echt chillig. Wir hatten null Bock, wieder nur im Café abzuhängen. Die Preise sind da voll die Abzocke. Und außerdem hocken da die ganzen Stummellutscher. Die Alten von Sabine waren auf irgend so einer Gruftie-Party. Da konnten wir endlich mal in Ruhe ne Weile surfen und chatten bei ihr. War echt obergeil. Waren ne Menge Leute online. Später haben wir uns dann noch ne krasse DVD reingezogen. Dabei hab ich aber voll die Zeit verpeilt. Wäre beinah zu spät nach Hause gekommen!

Als sie fertig sind, fragt die Oma entsetzt: „Was habt ihr gestern gemacht? Ich habe kein Wort verstanden!"

1. **Warum hat die Oma kein Wort verstanden? Kannst du das anhand deines bisherigen Wissens über Kommunikation schon mit Fachbegriffen erklären? Eine kleine Hilfe dürfte dir das Arbeitsblatt auf S. 29 bieten!**
2. **Schreibe beide Geschichten in einer angemessenen Sprache um, sodass die Großeltern verstehen, wie der Abend bei den Enkeln verlaufen ist. Nutze dazu die unten stehenden Linien.**
3. **Nimm dir noch einmal das Arbeitsblatt auf S. 29 zu Hilfe. Welche Sprachebene hast du jetzt verwendet?**

Kevin: ______________________________

____

____

____

Lena: ______________________________

____

____

____

Zu Gast bei den Eltern eines Freundes/einer Freundin

Wenn du das erste Mal das Zuhause eines Freundes oder einer Freundin besuchst, gehen dir sicher viele Gedanken durch den Kopf.

- Wie sieht es bei denen aus?
- Sind die Eltern cool drauf oder eher konservativ?
- In welcher Situation werde ich sie antreffen?
- Was soll oder muss ich sagen?
- Wie werden sie auf mich reagieren?

Den „ersten Auftritt" kannst du mit Hilfe dieses Arbeitsblattes üben!

1. **Erzählt der Gruppe von den Erfahrungen, die ihr bei „ersten Besuchen" gemacht habt!**

2. **Tut euch in Gruppen zusammen, und einigt euch auf die Rollen, die ihr spielen wollt. Ihr braucht jeweils zwei bis vier „Familienmitglieder" (das Kind, das Besuch bekommt, Vater und/oder Mutter, ggf. Bruder oder Schwester sowie den Gast). Der „Gast" geht vor die Tür, damit ihr eure Familie „vorbereiten" könnt. Nehmt euch so viele A4-Blätter, wie ihr Familienmitglieder habt (denjenigen, der Besuch bekommt, nicht mit eingerechnet). Dort haltet ihr gemeinsam für jeden einzelnen die folgenden Punkte fest:**
   - Name, Rolle: (z.B. Herr Becker, Vater)
   - Eigenschaften: (z.B. streng, konservativ ...)
   - Hobbys: (z.B. Zeitung lesen, Fußball schauen ...)
   - Status/Beruf: (z.B. Kontrolleur)
   - Situation: (z.B. ist im Aufbruch, muss dringend zur Arbeit, will aber neue(n) Freund(in) trotzdem kennenlernen)
   - Befindet sich: (z.B. im Flur)

   Ihr könnt eure eigenen Familienmitglieder als Vorbild nehmen oder euch ganz andere Personen ausdenken.

3. **Richtet eure Szene kurz ein mit den Möglichkeiten, die ihr habt (Tische, Stühle ...). Dann ruft ihr euren Gast herein und spielt die Kennenlernszene so, wie ihr es euch in eurer zusammengewürfelten Familie vorstellen würdet. Alle anderen sind Beobachter.**

4. **Nachdem alle „Familien" einmal einen Gast empfangen haben, gebt ihr euer Feedback. Welcher Gast hat sich am ehesten auf die Situation, in der er empfangen wurde, eingestellt? Wie hat er das gemacht? Hat er einen sympathischen Eindruck hinterlassen oder nicht? Woran lag es?**

5. **Erstellt gemeinsam eine Liste an der Tafel: Was ist wichtig, wenn man das erste Mal einen Freund besucht?**

6. **Solltet ihr offiziell eingeladen werden (z.B. zum Geburtstag der Mutter), müsst ihr überlegen, ob es angebracht ist, ein Geschenk mitzubringen. Kannst du einen Tipp geben, was bei dir zu Hause „gut ankommen" würde?**

TEIL 2 PRAXIS

Alltag/öffentliches Leben

Arbeitsblätter

Begrüßung im Dienstleistungsbereich

In allen Bereichen, in denen Menschen für oder an anderen einen „Dienst" leisten (z.B. Handel, Tourismus, Banken ...), ist Höflichkeit und Freundlichkeit angesagt. Nicht immer ist das Personal entsprechend geschult. Der erste Kontakt mit einem „Kunden" ist jedoch von großer Bedeutung.

1. **Beobachtet im Alltag verschiedene Personen dabei, wie sie ihre Kunden und Gäste begrüßen. Achtet darauf, ob sie je nachdem, wen sie begrüßen, Unterschiede machen. Sprechen sie anders zu älteren Menschen als zu Jugendlichen? Sind sie zu Ausländern genauso freundlich wie zu Deutschen? Macht es einen Unterschied, ob sie jemanden kennen oder nicht?**

   Am besten rüstet ihr euch dazu mit einem Notizbuch aus. Menschen bei Begrüßungen beobachten, könntet ihr z.B.:
   - in einer Arztpraxis, während ihr wartet,
   - beim Friseur,
   - am Fahrkartenschalter,
   - im Schnellrestaurant/Restaurant,
   - im Café,
   - im Bus,
   - an der Käsetheke im Supermarkt.

Tipps:

- ▶ Am besten macht ihr eure Beobachtungen während der Erledigungen, die ihr im Alltag ohnehin zu tun habt. Wenn ihr z.B. zu lange neben der Käsetheke oder im Schnellimbiss herumsteht, könnten die Verkäufer misstrauisch werden. Aber schon in der Schlange werdet ihr einige Gelegenheit haben.
- ▶ Haltet eure Beobachtungen stichwortartig fest. Wie war die Sprache, wie die Körpersprache der Personen, die ihr beobachtet habt?
- ▶ Legt gemeinsam einen Termin fest, zu dem ihr eure Ergebnisse zusammentragen wollt. Berichtet dann den anderen in der Gruppe von der freundlichsten und von der unfreundlichsten Begrüßung, die ihr beobachtet habt.

2. **Könnt ihr gemeinsam ein „1x1 des Begrüßens im Dienstleistungsbereich" erstellen? So könnte es beginnen:**

   Wenn ich im Dienstleistungsbereich jemanden begrüße, dann sollte ich ...
   - immer höflich sein
   - ...

Nach einem Weg fragen

1. **Zur Bearbeitung dieses Arbeitsblattes sucht ihr euch einen Partner und geht irgendwo hin, wo ihr möglichst viele Menschen antrefft, beispielsweise in die Fußgängerzone. Dort habt ihr nun die Aufgabe, verschiedene Personen nach einem Weg zu fragen, z.B. dem Weg zur Post, zum Bahnhof, zur nächsten öffentlichen Toilette … Wichtig ist, dass ihr immer nach dem gleichen Weg fragt, damit ihr die Antworten vergleichen könnt.**
   Einer von euch ist der Fragende, der andere beobachtet das Gespräch und hält die Reaktionen anschließend (wenn der Befragte nicht mehr anwesend ist) in eurem Heft fest.
   Wie ihr eure Frage formuliert, hängt von der Person ab, die ihr fragt. Wählt die „geeignete" Sprache (lest euch dazu noch einmal das Arbeitsblatt S. 29–30 durch!). Achtet auf Mimik und Gestik. Schreibt auf, wie die befragte Person auf eure Frage reagiert: freundlich oder unfreundlich, ruhig oder gestresst, …?
   Es kommt bei euren Beobachtungen nicht darauf an, ob sie den Weg kennt oder ihn richtig beschreibt, sondern ob sie angemessen auf die Frage reagiert!

   Folgende Punkte solltet ihr notieren:
   - Ort des Gesprächs
   - Person (und geschätztes Alter)
   - Frage
   - Antwort

   Fragt auf korrekte Art und Weise mindestens fünf verschiedene Personen, z.B. einen alten Mann, eine Mutter mit Kindern, einen Gleichaltrigen, ein jüngeres Kind, einen Busfahrer.

2. **Berichtet in der Gruppe von euren Erfahrungen. Wie schwierig war es für euch, bei der Frage den richtigen Ton zu treffen? Wie unterschiedlich waren die Reaktionen?**

3. **Versucht, einen Merksatz zu formulieren: Wenn ich einen Fremden nach einem Weg frage, achte ich auf**
   - …
   - …

Beispiel:

Ort: Bäckereigeschäft **Person:** Verkäuferin, 17–19 Jahre alt

Frage (freundlich lächelnd):
„Hallo, kannst du mir sagen, wie ich zum Bahnhof komme?"

Antwort:
ungeduldig, hastig mit fuchtelnden Händen Weg beschreibend … oder

Antwort:
freundlich, geht mit zur Eingangstür, beschreibt den Weg mit Fingerzeig

Eine gute Verbindung

Am besten gleich
lossparen ...

Fahren und sparen

Gruppe & Spar.
Ab 6 Personen: gemeinsam
reisen, gemeinsam sparen!

Zu fünft im Zug durch die Region.
Für siebenundzwanzig Euro schon.

Ihr wollt zu fünft ein Konzert in Frankfurt besuchen. Die Fahrt soll so billig wie möglich sein, und ihr wollt es mit der Bahn probieren. Diese Informationen habt ihr:

- fünf Personen im Alter von 15 und 16 Jahren
- zwei haben eine Bahncard 25
- Reisetermin: Samstag in zwei Wochen (Hinfahrt egal, Rückfahrt ab 22.30 Uhr)
- Ziel: Frankfurt a.M.

1. **Die Bahn wirbt immer wieder mit Angeboten für Jugendliche und für Gruppen, in letzter Zeit auch mit Angeboten bei Internet-Buchung. Habt ihr schon Erfahrungen mit dem Kauf einer Fahrkarte bei der Bahn gemacht? Tauscht euch aus!**
2. **Versucht nun, den billigsten Reisepreis herauszufinden, der für euer Konzert in Frankfurt verfügbar ist. Teilt euch dazu in vier Gruppen auf.**
   Gruppe A: Internetbuchung **(www.bahn.de)**
   Gruppe B: Auskunft am Bahnhof
   Gruppe C: Auskunft im Reisebüro
   Gruppe D: Telefonische Auskunft bei der Bahn
3. **Tragt den anderen die Ergebnisse eurer Gruppe vor. Dabei solltet ihr folgende Leitfragen berücksichtigen:**
   - Welchen Preis habt ihr bekommen?
   - Wie war die Beratung? Bzw.: Wie war die Menüführung auf der Homepage?
   - Wurden alle Fragen zufriedenstellend beantwortet?
   - Seid ihr auf Schwierigkeiten gestoßen, auf die ihr nicht vorbereitet wart?
   - Wie lange hat es gedauert, bis ihr die gewünschte Information hattet?
   - Warum würdet ihr eure Informationsquelle weiterempfehlen, oder warum gerade nicht?
4. **Diskutiert gemeinsam, ob ihr richtig vorbereitet wart und was ihr beim nächsten Mal besser machen würdet.**

Hier sind Sie falsch!

Sicher ist es dir schon passiert, dass du mit einem Anliegen oder einem Wunsch bei der falschen Person oder am falschen Ort gelandet bist (vielleicht hast du z.B. nach einem Artikel in der falschen Abteilung des Kaufhauses geschaut, oder du bist in einem Amt in das falsche Büro gegangen!?). Mehr oder weniger angemessen wurde dir mitgeteilt, dass du hier falsch seiest.

1. **Tauscht zunächst eure Erfahrungen aus. Wie habt ihr euch dabei gefühlt? War es euch peinlich? Wie wurde auf eure Frage eingegangen, und wie habt ihr reagiert?**

2. **Diese Aufgabe solltest du alleine erledigen: Gehe in die Stadt, und erzeuge bewusst Situationen, in denen du an bestimmten Orten nach Dingen fragst, die es dort (wahrscheinlich) nicht gibt. Es darf kein Wunsch oder Anliegen sein, der/das völlig abwegig ist (wie z.B. eine Sahnetorte beim Metzger oder eine Kinokarte beim Busfahrer).**

   Diese Beispiele wären möglich:
   - ein Handy im Computer-Fachgeschäft,
   - eine Sportzeitschrift im Buchladen,
   - eine Konzertkarte im Rathaus,
   - ein Schulheft am Zeitungskiosk,
   - eine Anmeldung zum Erste-Hilfe-Kurs im Einwohnermeldeamt,

   etc.

   Vielleicht fällt dir selbst etwas ein, das du ausprobieren möchtest. Führe mindestens drei „Wunschgespräche". Frage so höflich und freundlich wie möglich nach deinem Anliegen. Z.B. könntest du im Rathaus Folgendes fragen:

   „Guten Tag, ich möchte bitte eine Karte für das U2-Konzert am 16.02. in der Friedrich-Halle kaufen!"

   Bitte, wenn du nicht bekommst, was du möchtest, darum, dass man dir weiterhilft. Und vergiss in keinem Fall, dich zu bedanken.

3. **Schreibe anschließend in Stichworten in dein Heft oder auf einen Zettel, wie auf deine Frage reagiert wurde (Mimik, Gestik, Stimme). Hat man dir freundlich weitergeholfen oder dich einfach nur fortgeschickt? Warst du zufrieden? Wie beurteilst du das kommunikative Verhalten der Befragten? Hättest du auf andere Art und Weise reagiert? Berichte in der Gruppe davon.**

Beispiel:

Ort:
Rathaus

Person:
Beamtin der Stadtverwaltung

Frage:
„Guten Tag, ich möchte bitte eine Karte für das U2-Konzert am 16.02. in der Friedrich-Halle kaufen!"

Reaktion:
freundlich, hilfsbereit. Dame hat gelächelt und in die Richtung der Touristeninformation gewiesen, wo auch Konzertkarten verkauft werden. Ihre Reaktion war nett und hilfreich.

4. **Spielt nun, jeweils mit einem Partner, die Situationen noch einmal vor der Gruppe nach, in denen ihr mit der Reaktion des Befragten nicht zufrieden wart. Einer ist derjenige, der die Frage stellt, der andere gibt die Auskunft. Der Auskunft Gebende soll in eurem Rollenspiel nun so reagieren, wie ihr es euch gewünscht hättet!**

Sich nicht abwimmeln lassen

Manchmal wirst du am Telefon oder auch in einem Laden, einer Behörde oder einer Firma mit einem Anliegen abgewimmelt, weil die Person nicht zuständig ist oder es nicht sein will. Vielleicht hat sie auch andere Gründe, aus denen sie dir nicht weiterhelfen kann. Trotzdem musst du in so einem Fall nicht unverrichteter Dinge nach Hause gehen. Du kannst dich darauf vorbereiten, indem du dir für solche Situationen konkrete Fragen überlegst.

1. **Folgende Antworten (a–h) könnten auf dich zukommen:**
   a) Das weiß ich leider nicht.
   b) Dafür bin ich nicht zuständig.
   c) Das macht der Kollege.
   d) Das ist nicht mein Gebiet.
   e) Das gibt es hier nicht.
   f) Davon habe ich noch nie gehört.
   g) Da musst du später anrufen.
   h) Dafür habe ich jetzt keine Zeit.

   Überlege dir für jede Antwort eine passende Frage, die deinen Gesprächspartner dazu bringt, dir weiterzuhelfen. Achte darauf, dass du offene Fragen stellst. Sie beginnen in der Regel mit einem W-Wort und sind nicht mit Ja/Nein zu beantworten. Z.B.: Wann kann ich …, Wo finde ich …

   a) ____________________

   b) ____________________

   c) ____________________

   d) ____________________

   e) ____________________

   f) ____________________

   g) ____________________

   h) ____________________

2. **Versuche, sobald du wieder in so eine Situation kommst, einen der Fragesätze auszuprobieren. Wenn du möchtest, dass dir geholfen wird, solltest du höflich und freundlich bleiben.**

© Verlag an der Ruhr | Postfach 10 22 51 | 45422 Mülheim an der Ruhr | www.verlagruhr.de | ISBN 978-3-8346-0499-6

Ein neuer MP3-Player – schlechte Beratung

Peters MP3-Player ist in eine Pfütze gefallen und lässt sich nicht mehr reparieren. Er ist total enttäuscht, denn er war mit diesem Modell super zufrieden. Nun muss er einen neuen kaufen und geht in ein Fachgeschäft.

Verkäufer: Kann ich helfen?

Peter: Ja, ich brauche einen MP3-Player. Am liebsten wieder dieses Modell hier.

Verkäufer: Das gibt es nicht mehr.

Peter: So ein Mist. Was mache ich jetzt?

Verkäufer: Es gibt zwar einen Nachfolger, aber das Beste auf dem Markt ist dieses Teil hier.

Peter: Ich weiß nicht, davon habe ich noch nie was gehört. Bringt der was?

Verkäufer: Na klar bringt der was. Hat den größtmöglichen Speicher und gute Kritiken.

Peter: Dann ist der bestimmt teuer. Ich habe nicht viel Geld.

Verkäufer: Qualität hat eben seinen Preis *(zeigt ihm das Preisschild)*. So ist das im Leben. Entweder du willst was Gutes oder nicht. Was ist nun?

Peter: Keine Ahnung, haben Sie nicht was Billigeres? Was ist mit dem Nachfolge-Modell?

Verkäufer: Natürlich haben wir auch andere Teile. Aber die sind wirklich Mist gegen diesen Player hier. Entweder du kaufst dir jetzt etwas Richtiges oder eben Ramsch. Das musst du wissen.

Peter: Ja, aber soviel Geld!?

Verkäufer: Wenn du nur ans Geld denkst, musst du dir halt einen Gebrauchten kaufen.

Peter: Nein, nein ich will schon einen neuen …

Verkäufer: Weißt du was, jetzt schaust du dich erstmal allein um!

Peter verlässt enttäuscht und verunsichert das Geschäft.

1. **Wie hätte Peter sich auf das Gespräch vorbereiten können? Bildet Vierergruppen, und notiert Fragen, die er sich selbst vor dem Einkauf hätte stellen müssen (z.B.: „Was genau war das Gute an meinem alten MP3-Player?" …). In jeder Gruppe sollte mindestens ein Besitzer eines MP3-Players sein! Ihr könnt die Übung auch mit einem Handy mit MP3-Funktion durchführen!**
2. **Findet Antworten auf die Fragen, die ihr notiert habt. Orientiert euch dabei an euren eigenen Geräten/Erfahrungen/Vorstellungen.**
3. **Welche Fehler hat der Verkäufer gemacht? Findet in euren Gruppen heraus, an welchen Stellen er besser hätte reagieren können. Dabei müsst ihr sein Ziel vor Augen haben: Er möchte schließlich einen MP3-Player an den Kunden verkaufen.**
4. **Wählt einen Peter und einen Verkäufer. Jede Gruppe spielt den anderen nun ein neues Verkaufsgespräch vor, in dem Peter gut vorbereitet ist und der Verkäufer es schafft, ihn als zufriedenen Kunden zu gewinnen.**
5. **Wählt gemeinsam den besten Verkäufer. Welche Eigenschaften sollte der „perfekte Verkäufer" haben? Erstellt eine Liste in eurem Heft!**

Sich beim Einkaufen wehren

1. **Ist es dir schon passiert, dass dir beim Shoppen ein Verkäufer etwas andrehen wollte, was du eigentlich gar nicht wolltest? Hast du es geschafft, dich zu wehren, oder es schließlich doch gekauft? Berichte in der Gruppe von deinen Erfahrungen.**

2. **Welche Gründe kann es dafür geben, dass man sich nicht traut, einen Kauf abzulehnen? Welche Gefühle spielen dabei eine Rolle? Sammelt eure Antworten an der Tafel.**

3. **Mit welchen Worten kannst du ein solches Gespräch beenden, ohne den oder die anderen zu verletzen? Formuliere in deinem Heft drei Sätze, ähnlich wie: „Danke, das gefällt mir leider alles nicht so richtig. Auf Wiedersehen."**

4. **Beschreibe auch die Körpersprache, die du dabei benutzen würdest! Wenn du dir nicht sicher bist, probiere deine Reaktion einfach aus.**

5. **Jetzt bist du gut vorbereitet. Übt das „Sich-Wehren" im Rollenspiel. Wählt einen Verkäufer und drei Freunde oder Freundinnen in einem Jeans-Laden: Verkäufer und Freunde sollen es dem Käufer/der Käuferin so schwer wie möglich machen, einen geeigneten „Abschied" zu formulieren.**

6. **Spielt diese Situation mehrmals mit wechselnden Rollen. Wer hat sich am besten „gewehrt"? Wer hat die besten Worte gefunden? Wer hat diese mit geeigneter Körpersprache unterstützt? Wie war das Verhalten des Verkäufers und der Freunde?**

7. **Welche Grundregeln könnt ihr festhalten, die für eine Gesprächsbeendigung gelten sollen, wenn man eine Beratung in einem Geschäft ohne Einkauf abschließen möchte?**
   - sich höflich bedanken
   - ...
   - ...

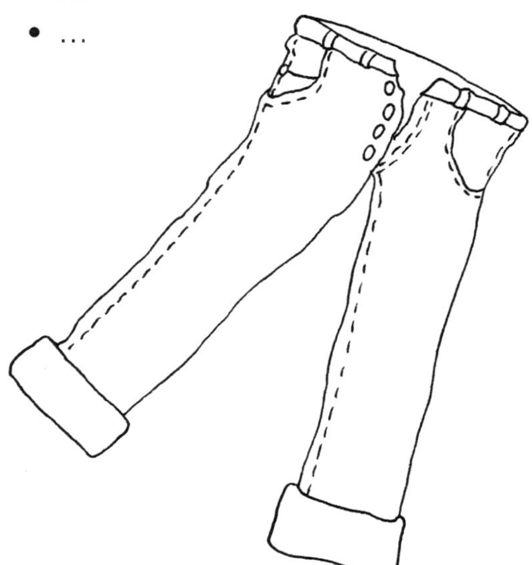

Rolle des Käufers/der Käuferin:
Er/Sie will unbedingt eine hellblaue Jeans, die zu der neuen Jacke passt. Als es ihm/ihr nicht gelingt, die eigene Meinung durchzusetzen, entscheidet er/sie nach einer Weile, gar nichts zu kaufen, und beendet das Gespräch.

Rolle des Verkäufers:
Er hat heute noch nicht viel verkauft und verdient am meisten an schwarzen Jeans. Er wird versuchen, eine zu verkaufen.

Rolle der Freunde:
Im Grunde ist es ihnen egal, welche Jeans gekauft wird, aber sie finden nach einer Weile, dass die Argumente (z.B. Farbe, Qualität bzw. Verhältnis von Qualität und Verkaufspreis, Schnitt ...) des Verkäufers wirklich überzeugend sind.

angelehnt an: Berthold: Im Deutschunterricht ..., S. 190ff.

Alltagsprobleme/öffentliches Leben:

Etwas zurückgeben

Während eines Einkaufsbummels hast du dir von Freunden und Verkäufer eine Sonnenbrille (in einem hübschen Etui) aufschwatzen lassen. Im Moment bist du gerade knapp bei Kasse, aber die anderen haben dich überredet, sie zu kaufen, weil sie dir so gut steht. Du wolltest nicht uncool sein und zugeben, dass du sie dir eigentlich nicht leisten kannst.

Am nächsten Tag entscheidest du dich dazu, die Sonnenbrille zurückzugeben, denn die hohe Ausgabe tut dir nachträglich leid.

Eine Ware, die völlig in Ordnung ist, zurückzugeben, also den Kauf rückgängig zu machen, ist nicht einfach. Es ist peinlich, vielleicht nicht üblich, und der Verkäufer könnte unfreundlich reagieren. Einen allgemeinen Rechtsanspruch auf die Rückgabe eines Artikels, der nicht fehlerhaft ist, hast du nicht. Aber in den meisten Fällen gehen die Geschäfte darauf ein, weil sie dich und deine Freunde als Kunden nicht verlieren wollen. Sie wollen kundenfreundlich sein.

1. **Wie gehst du geschickt vor, um dein Anliegen im Geschäft vorzubringen? Mache dir einen Stichwortzettel. Dabei können W-Fragen sehr nützlich sein.**
   1. Welche Gründe gibst du an dafür, dass du die Sonnenbrille zurückgeben willst?
   2. Was nimmst du mit in das Geschäft?
   3. Welche Sprache musst du wählen, wenn du mit dem Verkäufer sprichst?
   4. Wie kannst du einen guten ersten Eindruck bewirken (sprachlich/nicht-sprachlich)?
   5. Wie reagierst du, wenn der Verkäufer deine Bitte ablehnt? Welche Gründe könnte er anführen?

2. **Nachdem du gut vorbereitet bist, kannst du das Gespräch mit verschiedenen Partnern vor der Gruppe nachspielen. Der „Typ" des Verkäufers sollte in jedem Gespräch wechseln. Diese vier Rollen wären denkbar:**
   - freundlich, verständnisvoll
   - arrogant, von oben herab
   - unsicher, nicht berechtigt sein zu entscheiden
   - verkaufstaktisch klug

3. **Lasst die anderen bewerten, warum oder warum es nicht zu einer Einigung gekommen ist. Beurteilt immer beide Gesprächspartner hinsichtlich ihres kommunikativen Geschicks.**

Einen gebrauchten Artikel kaufen/verkaufen

i

Wer von euch schon auf einem Flohmarkt oder einem Basar eingekauft hat, weiß, wie wichtig eine gute Taktik beim Verhandeln ist, um möglichst günstig einzukaufen. Aber man verhandelt nicht nur auf Flohmärkten, sondern darüber hinaus auch im Privat- und auch im Geschäftsleben. Hier sind einige Beispiele:

- *privat: Mit den Eltern wird das Taschengeld neu verhandelt.*
- *geschäftlich: Mit einem Kunden wird ein „Paketpreis" für mehrere Leistungen ausgehandelt (z.B. Lieferung von Waren über einen längeren Zeitraum).*

Verhandeln ist also eine nützliche Fähigkeit, mit der man weit kommen kann. Dennoch gibt es natürlich Grenzen: So sollte man in einem Supermarkt oder in einer Buchhandlung nicht anfangen, Preise neu zu verhandeln. Das ist vielerorts nicht üblich, führt zu Verzögerungen und Irritationen.

Für die Bearbeitung dieser Aufgaben sollte jeder von euch ein bis zwei Gegenstände von Zuhause mitbringen, die er im Spiel „verkaufen" soll (natürlich soll dabei nicht wirklich Geld fließen; jeder nimmt seine Gegenstände wieder mit nach Hause!).

1. **Habt ihr schon Erfahrungen mit dem Verhandeln? Gebt sie vor dem Rollenspiel an die anderen weiter. Wie beginnt man das Gespräch? Wie wichtig ist es, den „Markt" zu kennen? Was ist „Feilschen"?**

2. **Breitet eure mitgebrachten Gegenstände auf einem Tisch in der Mitte des Klassenraums aus.**

3. **Die folgenden Rollenspiele finden nacheinander, nicht gleichzeitig statt:**

   Der jeweilige „Käufer" tritt vor und sucht sich einen Artikel aus, den er kaufen will. Der Besitzer dieser Ware kommt ebenfalls nach vorn, und die beiden beginnen mit dem Verkaufsgespräch. Der „Verkäufer" soll versuchen, seinen Artikel so teuer wie möglich zu verkaufen. Der „Käufer" wird dagegen versuchen, einen möglichst günstigen Preis auszuhandeln. Beide können strategische Mittel einsetzen. Es zählen nicht nur Argumente! Versucht, sprachlich auf den anderen einzugehen, achtet auf seine Gefühle und nutzt auch körpersprachliche Fähigkeiten, Stimme, und Mimik. Wenn ihr meint, dass ihr eure Forderung nicht durchsetzen könnt, beendet das Gespräch höflich.

   Alle anderen beobachten das Zweierteam genau, um am Ende ein Feedback geben zu können. Achtet dabei auf die Argumentation, die Taktik, Mimik, Gestik und Stimme und die Gesprächsbeendigung. Hebt die positiven Seiten des Gesprächs hervor, und gebt Hilfestellungen für zukünftige Einkaufssituationen.

Beispiele:

Feedback an einen Verkäufer:
„Du hast sehr gute Argumente für deinen Artikel gehabt. Vielleicht solltest du beim nächsten Mal den Preis etwas höher ansetzen. Gut gefallen hat mir, dass du den Käufer immer angeschaut hast, als du mit ihm gesprochen hast. Und du hast dich höflich für den Einkauf bedankt."

Feedback an einen Käufer:
„Sehr gut war, dass du zunächst eine „Beziehung" zum Verkäufer aufgebaut hast, indem du ihn gefragt hast: „Na, wie läuft's heute so?" Beim nächsten Mal könntest du versuchen, dein Interesse zu bremsen, dann wäre der Verkäufer vielleicht noch einmal mit dem Preis heruntergegangen. Deine Stimme klang auch sehr schnell begeistert. Für den guten Einkauf solltest du dich beim nächsten Mal etwas freundlicher bedanken."

4. **Überlegt gemeinsam: In welchen Situationen darf man um Preise feilschen? Wann ist es nicht angebracht?**

Etwas in der Zeitung verkaufen

Du möchtest dein Fahrrad verkaufen, da du demnächst deinen Führerschein machst und dringend das Geld dafür brauchst. Dazu willst du telefonisch eine Anzeige in eurem lokalen Werbeblatt aufgeben.

1. **Sammelt Anzeigen, in denen gebrauchte Fahrräder angeboten werden, und bringt sie mit. Setzt euch in Dreiergruppen zusammen, und vergleicht sie.**
   - Welche Anzeigen findet ihr gut? Warum?
   - Welche Anzeigen gefallen euch gar nicht? Warum nicht?
   - Worin unterscheiden sich die Anzeigen wesentlich? Achtet dabei nicht nur auf Inhaltliches!
2. **Nun könnt ihr eure Ergebnisse von Aufgabe 1 zu Hilfe nehmen. Was sollte eine Anzeige eurer Meinung nach an Informationen enthalten? Gibt es Informationen, die ihr überflüssig findet? Erstelle eine Checkliste mit Hilfe von W-Fragen.**
   - Was verkaufe ich?
     etc.
3. **Nun beantwortet jeder für sich die notierten Fragen. Denke dabei an dein Fahrrad. Wenn du keins hast, beschreibe das Fahrrad eines Familienmitglieds oder eines Freundes. Du kannst auch dein „Wunsch-Fahrrad" beschreiben.**
4. **Schreibe deinen Anzeigen-Text in dein Heft. Achte dabei auch auf die Gestaltung (Schrift, Größe, ...).**
5. **Was werden die Mitarbeiter der Zeitung noch wissen wollen, damit alles problemlos abgewickelt werden kann? Erstelle gemeinsam mit einem Partner wiederum eine Liste mit W-Fragen. Welche ganz praktischen Punkte müssen bedacht werden?**
   - In welcher Rubrik soll die Anzeige erscheinen?
     etc.
6. **Wieder beantwortet jeder für sich die Fragen.**
7. **Jetzt wird die Anzeige telefonisch aufgegeben. Dafür tut ihr euch wieder mit eurem Partner zusammen. Einer von euch ist der Verkäufer, der andere ein Mitarbeiter der Zeitung, der die Anzeige entgegennimmt. Spielt den Anruf bei der Zeitung der Gruppe vor. Ihr sitzt Rücken an Rücken. Denkt daran, euch zunächst „ordnungsgemäß" zu melden (Mitarbeiter), euch höflich zu begrüßen (beide) und höflich euer Anliegen vorzutragen (Verkäufer). Der „Mitarbeiter" der Zeitung soll nun versuchen, die Anzeige so aufzuschreiben, wie der „Verkäufer" sie haben will. Außerdem muss er alle praktischen Fragen klären (siehe Aufgabe 5). Schließt das Gespräch ab, indem ihr euch bedankt und voneinander verabschiedet.**

Die Zuhörer geben euch ein Feedback. Achtet auf die Sprache, aber auch auf die Stimme, und beurteilt, ob alle gegenseitigen Informationen richtig und vollständig ausgetauscht wurden. Stimmt die aufgenommene Anzeige mit der aus deinem Heft überein? Gebt, wenn nötig, Verbesserungstipps.

Arzttermin telefonisch absagen

Mirko schreibt am Dienstag eine wichtige Klassenarbeit und muss seinen Arzttermin absagen. Am Montag, gleich nach der Schule, wählt er die im Telefonbuch angegebene Nummer. Es meldet sich der Anrufbeantworter.
Mirko hat damit nicht gerechnet und legt wieder auf, ohne ein Wort zu sagen.

1. **Welche Informationen liefert der Anrufbeantworter einer Arztpraxis normalerweise? Sammelt in der Gruppe Stichworte. Um zu überprüfen, ob ihr alle Informationen beisammenhabt, könnt ihr abends gegen 20 Uhr in ein bis zwei Praxen anrufen (z.B. bei eurem Hausarzt, weitere Ärzte findet ihr im Telefonbuch oder in den Gelben Seiten).**
2. **Sucht euch einen Partner, und schreibt gemeinsam einen typischen Anrufbeantworter-Spruch einer Ärzte-Praxis in euer Heft.**
3. **Ist es euch schon mal ähnlich wie Mirko gegangen? Was habt ihr gemacht? Welchen Tipp könnt ihr euren Freunden für die Situation geben?**

Mirko konnte sich auf die Schnelle die Zeiten, in denen er jemanden in der Praxis erreicht, nicht merken. Er will aber nicht unzuverlässig sein und einfach zum Termin nicht erscheinen. Also entschließt er sich dazu, noch einmal anzurufen. Nach dem Piepton sagt er Folgendes: „Ja, hi, hier ist Mirko Kajatan. Ich wollte meinen Termin absagen. Ich kann echt nicht kommen, sorry. Aber einen neuen Termin brauche ich unbedingt. Ich meld mich dann wieder." Als Mirko einige Tage später um einen neuen Termin bittet, wird er von der Sprechstundenhilfe gleich blöd angemacht: Sie sagt, dass er in Zukunft doch bitte seine Termine vernünftig absagen soll.

i *Da man bei einem Anruf in einer Praxis, einer Behörde oder einer Firma nicht immer weiß, ob man jemanden am Telefon erreicht, muss man darauf vorbereitet sein, auf einen AB zu sprechen. Daher solltest du vorher überlegen:*
- *Wie melde ich mich,*
- *zu welchem Zweck, mit welcher Absicht will ich anrufen,*
- *wem will ich das sagen,*
- *was muss der Angerufene außer meinem Namen noch wissen,*
- *wie beende ich das Gespräch.*

4. **Formuliere in deinem Heft einen Text für Mirko, den er auf Band sprechen kann. Achte darauf, dass die Nachricht alle Informationen enthält, die die Arztpraxis braucht. Mirko muss auch die „richtige Sprache" wählen.**
5. **Suche dir jetzt einen Partner, der den Anrufbeantwortertext der Praxis spricht (und zwar so, wie er tatsächlich einen Anrufbeantworter besprechen würde). Dann sprich deine Nachricht auf dieses „Band".**
   Alle anderen entscheiden als Mitarbeiter der Arztpraxis, wer die beste Nachricht formuliert und den besten Eindruck am Telefon hinterlassen hat. Auch für denjenigen, der den Spruch der Praxis „aufgesprochen" hat, sollte es ein Feedback geben.

Lächeln durch das Telefon

Das Telefon ist heute eines der wichtigsten Kommunikationsmittel. Wir verbringen einen Großteil unserer Zeit mit Telefonieren, sei es im Büro oder privat, mit dem Handy oder auf dem Festnetz. Irgendwie selbstverständlich – man nimmt den Hörer oder das Handy in die Hand und spricht. Dadurch, dass man den anderen nicht sieht, ist das Telefonieren aber sehr anfällig für Kommunikationsstörungen. Schließlich weiß keiner vom anderen, in welcher Situation er sich gerade befindet, wenn er ihn anruft …
Es mag erst einmal komisch klingen – aber man kann Telefongespräche in ihrem Verlauf maßgeblich beeinflussen, wenn man durch das Telefon lächelt! Beim Lächeln verändern sich unsere Stimme und Stimm-Melodie, die Atmung und auch der Sprachrhythmus. Wir schicken eine Portion Freundlichkeit und gute Laune durch den Hörer.

1. **Sucht euch einen Partner, und macht mit ihm eine Telefon-Übung. Dazu steht ihr Rücken an Rücken – ihr schaut euch nicht an! Entscheidet, wer zuerst der „Anrufer" sein soll. Er soll nun seinen Partner 2-mal hintereinander „anrufen". Einmal ist der Anrufer ganz neutral, einmal lächelt er schon, bevor er anfängt, zu sprechen. Er sagt, wer anruft, und spricht dann beide Male genau diesen Satz:**
   „Hast ja gemerkt, dass ich heute nicht in der Schule war. Was ist denn in Deutsch auf?"

   Der Angerufene sagt nun, bei welchem „Anruf" er ein Lächeln „gehört" hat. Tauscht jetzt eure Rollen, und spielt das Spiel ein zweites Mal. Wer von euch hat richtig geraten? Wie begründet ihr eure Entscheidung?

2. **Könnt ihr auch erkennen, ob der Angerufene lächelt, wenn er auf die Frage antwortet? Sucht euch einen neuen Partner, und „telefoniert" wieder 2-mal. Der Anrufer stellt die gleiche Frage wie oben:**
   „Hast ja gemerkt, dass ich heute nicht in der Schule war.
   Was ist denn in Deutsch auf?"

   Der Angerufene antwortet nun einmal mit und einmal ohne Lächeln:
   „Ich war auch nicht da. Keine Ahnung!"

   Tauscht wieder eure Rollen, und lasst den anderen antworten. Konntet ihr auch hier erkennen, wann der Angerufene lächelt und wann nicht?

3. **Überlegt gemeinsam, in welchen Situationen im Alltag es besonders wichtig ist, dass ihr am Telefon lächelt. Spielt diese nach.**

© Verlag an der Ruhr | Postfach 10 22 51 | 45422 Mülheim an der Ruhr | www.verlagruhr.de | ISBN 978-3-8346-0499-6

Jemanden loben

Viele Menschen haben manchmal das Gefühl, dass ihre Leistung nicht genügend gewürdigt wird. Manchen fällt es sehr viel leichter, Kritik zu üben, als zu loben. Dabei ist das so einfach! Und es kann richtig Spaß machen. Wer einen anderen lobt, macht damit deutlich, dass er ihn und sein „Verdienst" wahrnimmt und nicht für selbstverständlich hält. Er macht nicht nur denjenigen glücklich, sondern wird sich selbst auch über die Reaktion des Gelobten freuen – und wenn es nur ein dankbares Lächeln ist. Denn ein Lob bedeutet Anerkennung, und die wünscht sich jeder. Solche Anerkennung wird auch dazu führen, dass man mit Kritik besser umgehen kann.

1. **Kannst du sagen, wann dich das letzte Mal jemand gelobt hat? Wann hast du das letzte Mal einem Menschen ein ehrlich gemeintes Kompliment gemacht? Tauscht euch in der Gruppe aus, wofür ihr in letzter Zeit gelobt wurdet und wofür ihr gerne einmal gelobt werden würdet.**

2. **Denke nun mal an die Menschen, die dich umgeben: Mitschüler, Freunde, Geschwister, Eltern … Bestimmt fällt dir jemand ein, der etwas regelmäßig tut oder etwas getan hat, für das du ihn ruhig einmal loben kannst. Vielleicht gefällt dir auch einfach nur etwas an der Person besonders gut? Notiere in deinem Heft die drei Personen, die ein Lob am meisten verdient haben, und notiere dir den Grund, warum du sie loben willst.**

3. **Deine „Hausaufgabe" ist nun, sie einmal richtig zu loben. Wichtig ist, dass es ein ehrliches Lob ist, dass Gesichtsausdruck, Stimme und Sprache zueinander passen und angemessen sind.**

Beispiele:

Lob an einen Mitschüler: „Mann, das war voll stark, dass du dich als Erstes beim Lehrer gemeldet hast, weil du die Hausaufgaben nicht gemacht hast. Ich hätte mich das nicht getraut."

Lob an die Mutter: „Super, Mama, deine Spagetti sind heute mal wieder megalecker."

Lob an den Lehrer: „Das war heute wirklich ne coole Stunde. Die Übung hat richtig Spaß gemacht."

Lob an die Verkäuferin (nach einem Einkauf): „Danke, war wirklich eine super Beratung."

Lob an den Freund/die Freundin: „Übrigens, deinen neuen Haarschnitt finde ich richtig gut!"

Lob an den Vater oder ältere Geschwister: „Danke fürs Abholen. Ohne dich hätte ich den Kinofilm nicht bis zum Schluss anschauen können, weil der Bus so bescheuert fährt."

4. **Sicher fallen dir in deinem Umfeld viele andere Situationen ein, in denen du jemanden loben könntest. Du musst nur mit „wachen Augen" durch den Tag gehen. Bringe mindestens drei Beispiele mit, von denen du der Gruppe berichten kannst. Halte in Stichworten fest, auf welche Art und Weise die Menschen reagiert haben und wie du dich dabei gefühlt hast. Du wirst merken, dass nicht jedes Lob glückt, dass nicht jeder weiß, wie er darauf reagieren soll.**

5. **Stelle dich vor die Gruppe, und berichte von einem Beispiel in Form einer kleinen Rede (ca. ein bis zwei Minuten). Achte auf deine Körperhaltung und -sprache. Beschreibe die Situation: Warum hast du denjenigen gelobt? Wie war die Reaktion? Wie hast du dich dabei gefühlt? Die Gruppe gibt dir nun ein „Lob" für deinen Vortrag.**

TEIL 2 PRAXIS

Beruf/Job

Arbeitsblätter

Die folgenden W-Fragen solltest du dir stellen, wenn du dich auf eine Stellenanzeige bewerben willst. Du musst sorgfältig prüfen, welche Fragen die Anzeige beantwortet. Prüfe dann, welche Fragen du selbst klären kannst (z.B. per Internet). Dann kannst du dir die Fragen notieren, die du telefonisch mit dem Anbieter klären musst.

- *Wer hat die Anzeige aufgegeben?*
- *Was genau wird angeboten?*
- *Wo befindet sich die Firma?*
- *Wann soll der Job beginnen?*
- *Wie lange soll der Job dauern?*
- *Wie und wo soll ich mich bewerben?*
- *Wer ist mein Ansprechpartner?*

Kriterien für einen Ferienjob können sein:

- *Verdienst*
- *Dauer*
- *Art der Arbeit*
- *Wo ist die Firma? Wie komme ich dort hin?*
- *Altersbegrenzung*
- *Schicht- oder Normaldienst*

Du suchst noch einen Job für die nächsten Ferien. Dabei stößt du auf die folgende Anzeige:

Wir suchen Jugendliche zur Aushilfe für Verpackungsarbeiten in den Ferien. Bitte melden bei Fa. Packler.

Telefon: 09997-85431
www.packler.de

1. **Beantworte die folgenden Fragen in deinem Heft:**
   - Welche W-Fragen beantwortet die Stellenanzeige?
     Wie lautet die Antwort?
     Bleiben dabei noch Einzelheiten offen?
   - Welche W-Fragen kann ich wahrscheinlich selber beantworten, z.B. durch Recherche im Internet?
   - Welche W-Fragen muss ich wahrscheinlich telefonisch klären?
     (siehe dazu auch die Einzelheiten, die bei Frage 1 offen bleiben)
2. **Überlege dir nun, welche Fragen du darüber hinaus für dich klären möchtest, bevor du dich auf den Job bewirbst (siehe „Kriterien" im Infokasten, S. 92). Notiere diese Fragen unter denen, die du dir schon zur telefonischen Klärung aufgeschrieben hast.**
3. **Formuliere nun alle Fragen aus, die du hast. Überlege, in welche Reihenfolge du sie stellen möchtest, und lasse daneben Platz für die Antworten. Das solltest du vor jedem Telefonat tun, das du auf eine Stellenanzeige hin führst. So vergisst du nichts Wichtiges und kannst am Telefon sicher und flüssig sprechen!**
4. **Überlegt nun gemeinsam, wie die Antworten der Firma auf die Fragen des Bewerbers lauten könnten, und sammelt sie an der Tafel.**
5. **Nun spielt ihr das Telefonat nach. Sucht euch jeweils einen Partner, und setzt euch mit euren Notizen Rücken an Rücken vor die Gruppe. Der „Bewerber" stellt sich kurz vor, sagt, wo und wann er die Anzeige gesehen hat, und stellt seine Fragen. Der „Mitarbeiter" (der Firma Packler) beantwortet die Fragen. Überlegt, wie ihr verbleiben könnt, und verabschiedet euch höflich voneinander!**

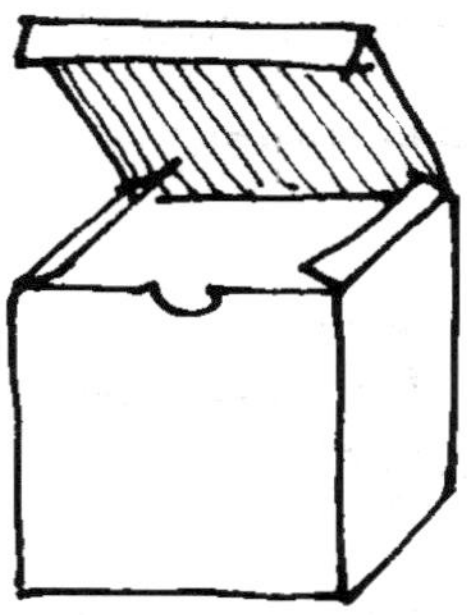

Nach einer Bewerbung fragen 1/2

i

Es ist dein gutes Recht, nachzufragen, nachdem du irgendwo eine Bewerbung eingesandt hast – schließlich musst du auch planen, zeitlich und finanziell. Prinzipiell zeigt ein Anruf oder sogar ein persönliches Nachfragen auch, dass du nach wie vor Interesse an dem Job hast.

Wichtig ist nur, dass du nicht zu bald nachfragst. Der zeitliche Rahmen ergibt sich teilweise aus den Informationen in der Stellenanzeige, beispielsweise solltest du nicht umgehend nach Bewerbungsschluss anrufen. Ansonsten gibt es keine festen Richtlinien. Lasse dir (und dem möglichen Arbeitgeber) ein bis zwei Wochen Zeit. Hinweise wie „Bitte haben Sie Verständnis dafür, dass die Prüfung der eingesandten Unterlagen einige Zeit in Anspruch nehmen wird", sprechen für sich, da brauchst du etwas Geduld. Manchmal finden sich aber auch Sätze wie: „Wenn Sie in der Zwischenzeit Rückfragen haben sollten, rufen Sie uns an", hier ist erst recht keine Scheu geboten!

Wenn es um eine wichtige Bewerbung geht, kannst du auch kurz anrufen und nachfragen, ob sie eingetroffen ist, oder du bringst sie persönlich vorbei. Bei der Gelegenheit kannst du dich erkundigen, wann du in etwa mit einer Rückmeldung rechnen kannst. Wenn dieser Termin ein, zwei Wochen verstrichen ist, kannst du normalerweise telefonisch nachhaken.

Dein Taschengeld reicht hinten und vorne nicht mehr. Du hast dich auf einen Job als Prospektausträger beworben, der in der Zeitung ausgeschrieben war. Du hast dort angerufen, und ein Typ hat deinen Namen, dein Alter und deine Telefonnummer aufgenommen. Er hat gesagt, dass er sich wieder melden wird. Aber das ist jetzt fast drei Wochen her, und du möchtest wirklich gern wissen, was Sache ist. Du möchtest wissen, ob und, wenn ja, wann du anfangen kannst. Schließlich entscheidest du dich, dort anzurufen.

1. **Warum könnte es dich Überwindung kosten, dort anzurufen? Was würdest du in einer solchen Situation empfinden?**
2. **Überlege, wie du dich auf das Gespräch vorbereiten kannst. Was solltest du dir vorher noch einmal vergegenwärtigen? Welche Fragen solltest du im Vorfeld für dich klären (auch ganz praktische Fragen: Wann rufst du am besten an, etc.)? Dann überlegst du, wie du das Gespräch beginnen möchtest.**

Vorbereitung: ______________________________

____

____

____

Mein Eröffnungs-/Begrüßungssatz:______________________________

____

____

____

3. **Folgende Antworten (a–e) könnten auf dich zukommen:**
   a) Du brauchst nicht anzurufen. Wir haben doch gesagt, wir melden uns.
   b) Ja, ja. Deine Bewerbung ist da. Aber wir haben zig Anrufe bekommen. Das geht nicht so schnell. Wann genau hast du denn angerufen?
   c) Wir brauchen im Moment doch niemanden mehr.
   d) Wie war noch mal dein Name? … Ne, ich habe hier keine Bewerbung von dir! Mit wem hast du gesprochen?
   e) Hier ist der automatische Anrufbeantworter von „Lauffix". Wir sind gerade nicht erreichbar. Bitte rufen Sie später noch einmal an, oder hinterlassen Sie eine Nachricht nach dem Piepton.

Findest du eine passende Antwort oder eine weiterführende Frage, die dir bezüglich des Jobs wirklich weiterhilft? Schreibe deine Vorschläge auf.

a: ______________________________

____

b: ______________________________

____

c: ______________________________

____

d: ______________________________

____

e: ______________________________

____

4. **Spielt nun das Telefonat im Rollenspiel nach.**
5. **Diskutiert, wie es euch dabei gegangen ist und was ihr eventuell beim nächsten Mal besser machen würdet. Wart ihr richtig vorbereitet?**
6. **Erstellt einen Merksatz: Damit eine Nachfrage gelingt, ist es wichtig, dass ich mir nach einer telefonischen Bewerbung aufschreibe:**
   …
   …

Vorstellungsgespräch – Die ersten Minuten

Jedes Vorstellungsgespräch ist anders. Du weißt nicht, wer mit dir sprechen wird: Mann oder Frau, jung oder alt, aufgeschlossen oder stockkonservativ ...
Auch die Raumsituation ist unklar. Kommst du in einen Raum mit mehreren Personen? Wirst du hereingerufen, z.B. über eine Sprechanlage, oder holt man dich ab? Wirst du gebeten, dich hinzusetzen? Wie begrüßt man dich?

Ein Bewerber hat sich auf eine Stelle als Bürokaufmann in einem Autohaus beworben. Nun wartet er in einem Vorzimmer auf das Vorstellungsgespräch.

1. **Wer von euch hatte schon mal ein Vorstellungsgespräch? Berichte der Gruppe von deinen Erfahrungen!**

2. **Bittet einen von euch, den Raum zu verlassen. Er ist der Bewerber. Er soll sich draußen schon einmal eine Begründung überlegen, warum er den Job haben möchte. Außerdem macht er sich Gedanken darüber, wie er sich vorstellen würde.**

3. **Die anderen überlegen:**
   - Wie stellen wir die Möbel (Konferenztisch, großer Schreibtisch, Sitzecke)?
   - Holt jemand den Bewerber ab? Rufen wir ihn herein? Durch die Tür, oder öffnen wir die Tür dazu?
   - Wie viele und welche Personen warten auf den Bewerber? (z.B. Chef, Mitarbeiter/in aus der Personalabteilung ...) Es sollten nicht mehr als drei Leute außer dem Bewerber anwesend sein.
   - Wie sind die Anwesenden von der Persönlichkeit her? (kühl/herzlich, kritisch/schnell zu begeistern, arrogant/offen, entspannt/gestresst ...)
   - Hat vielleicht eine/r von ihnen ausgerechnet heute schlechte Laune? Oder besonders gute Laune?
   - Wer ergreift zuerst das Wort? Wie wird das Gespräch eingeleitet?
   - Was wird am Anfang vom Bewerber erwartet? Wer stellt sich zuerst vor?
   - Kommt man gleich zur Sache, oder ist erst mal „Small Talk" gefragt?

4. **Verteilt die Rollen der im Gespräch Anwesenden. Dann wird der Bewerber hereingebeten, und das Gespräch beginnt. Spielt die Situation der ersten Minuten mehrmals durch: Begrüßung, Vorstellung, Einleitung des Gespräches. Wechselt die Bedingungen im Raum und den „Cheftyp" bzw. die Stimmung unter den Anwesenden. Einige Male sollte außer dem Bewerber nur der Chef selbst anwesend sein.**

5. **Sprecht darüber, wie sich die Bewerber gefühlt haben. Welchen ersten Eindruck hatten sie vom Chef? Wie fanden sie ihre „Behandlung"?**

6. **Die anderen geben dem „Bewerber" jeweils ein Feedback. Unterscheidet dabei zwischen sprachlichem und nicht sprachlichem Verhalten:**
   - Wie kam er in den Raum?
   - Wie war die Begrüßung?
   - Wie hat er auf das Verhalten des Chefs reagiert?
   - Was könnte er beim nächsten Mal besser machen?

Tipp:

Wichtiger Tipp für die „Bewerber": Vor dem Betreten des Raumes langsam bis fünf zählen und ganz tief einatmen!

Stelle dir vor, du fängst als Aushilfe in einer großen Firma an. Du möchtest am ersten Tag einen guten Eindruck hinterlassen. Doch worauf achten dabei die Vorgesetzten, die älteren Kollegen oder die anderen Aushilfen?

Das kannst du anhand eines Fragebogens herausfinden! Innerhalb deiner Clique ist das Thema sicher schnell diskutiert, aber dich interessiert in diesem Zusammenhang ja vor allem die Meinung von Erwachsenen unterschiedlichen Alters.

1. **Diskutiert in der Gruppe, in welche Altersklassen ihr die zu befragenden Personen einteilen wollt. Schließt euch dann zu Dreier- oder Viererteams zusammen. Ihr braucht so viele Teams, wie ihr Altersklassen habt: Jedes Team übernimmt nach Absprache eine Altersgruppe, in der es die Befragung durchführt. Vielleicht hat jemand, beispielsweise über die Großeltern, mehr Kontakt zu älteren Personen? Diese Gruppe übernimmt dann die Altersgruppe „über 60". Ein anderer geht vielleicht regelmäßig ins Fitness-Studio – seine Gruppe kann dann die Altersgruppe von 21–40 befragen, usw. Jede Gruppe sollte mindestens zehn Personen befragen. Verwendet für diese Aufgabe den Fragebogen auf S. 96!**

2. **Fasst für eure Gruppe das Ergebnis zusammen, und lasst einen Freiwilligen das Ergebnis vor der Klasse vortragen. Berichtet auch davon, wie die Befragten auf euch reagiert haben. Ein geeigneter Schluss-Satz der Zusammenfassung wäre z.B:**
   „Die Altersgruppe der über 60-jährigen empfiehlt dir für deinen ersten Arbeitstag, dass du …"

© Verlag an der Ruhr | Postfach 10 22 51 | 45422 Mülheim an der Ruhr | www.verlagruhr.de | ISBN 978-3-8346-0499-6

Fragebogen

An Ihrem/deinem Arbeitsplatz erscheint ein neuer Mitarbeiter.
Natürlich machen Sie sich/machst du dir direkt ein Bild von ihm!

1. Wie wichtig sind Ihnen/dir dabei folgende Kriterien (bitte ankreuzen):

Kriterium	sehr wichtig	egal	unwichtig
Lächeln			
Körperhaltung			
Kleidung			
Haare			
Händedruck			
Geruch			
Stimme (Tonfall)			
Sprache/Dialekt			

2. Darüber hinaus: Worauf achten Sie/achtest du am meisten, wenn ein neuer Mitarbeiter an Ihrem/deinem Arbeitsplatz auftaucht?

____

____

3. Was macht Ihrer/deiner Meinung nach einen besonders schlechten Eindruck?

____

____

4. Haben Sie/hast du einen speziellen Tipp für mich, wenn ich am Arbeitsplatz einen besonders guten „ersten Eindruck" machen möchte?

____

____

Angaben zur befragten Person:

Männlich/weiblich: ______ Alter: ______________ Beruf: ______________

 | ISBN 978-3-8346-0499-6

Von sich erzählen 1/2

Wenn man mit unbekannten Menschen ins Gespräch kommt, wird man sich in irgendeiner Form vorstellen und etwas von sich preisgeben – oft mit einer bestimmten Absicht. Das „Wie" hängt davon ab, zu wem und in welcher Situation ich spreche.

C
Ich bin im Lager unten. Da geht es voll chaotisch zu. Keiner weiß, was er machen soll, das nervt mich echt. Heute haben wir zwei Stunden hinterm Regal gesessen und gequatscht – voll krass, aber Hauptsache die Kohle stimmt. Und die ist ja ganz ok, ne?

B
Hi, kommst du öfter her? Hab dich noch nie gesehen! Ist echt ok, der Laden, oder? Die Musik ist cool, und die Preise stimmen auch! Magst du auch Cocktails? Ich bin übrigens Anna-Lena …

A
Ich heiße Claudia Manzina. Ich bin in Italien geboren, aber ich lebe mit meiner Familie seit 15 Jahren in Köln. Ich gehe in die 10. Klasse.

1. **Kannst du aus den Beispielen herauslesen, in welcher Situation die Personen wohl über sich sprechen, mit wem und mit welcher Absicht? Stelle in der unten stehenden Tabelle Vermutungen an. Achtung, bei C ist der Fall besonders knifflig!**
2. **Begründe, warum du dich so entschieden hast. Welche sprachlichen Merkmale waren hinweisend? Denke dabei auch an das Arbeitsblatt „Sprechen in verschiedenen Situationen" (S. 29/30).**

angelehnt an: Maier: Deutsch. Kompetent. S. 7f.

Wer	Wo	Mit wem	Mit welcher Absicht
A (Claudia)			
B (Anna-Lena)			
C (?)			

Von sich erzählen 2/2

Was du von dir erzählst, hängt davon ab, mit wem du sprichst, aber auch von der Absicht und dem Zweck der Unterhaltung. Mal ist ein bisschen mehr angebracht, mal eher weniger.

3. Was würdest du von dir erzählen, wenn du am ersten Tag deines Ferienjobs oder in der Ausbildung bist und dich

a) dein Chef darum bittet, dich in ein bis zwei Minuten kurz vorzustellen,
b) deine gleichaltrigen Kollegen dich um das Gleiche bitten?

Kreuze in der unten stehenden Tabelle an. Natürlich kannst du in einer Spalte sowohl „Chef" als auch „Kollege" ankreuzen. Du musst auch nicht in allen Spalten ein Kreuz machen. Vergleiche anschließend dein Ergebnis mit deinem Tischnachbarn. Habt ihr gleich oder ähnlich angekreuzt? Diskutiert darüber!

Was ich von mir erzähle	Chef	Kollege
Ich bin 17 Jahre alt.		
Ich war Schülersprecher.		
Ich gehe drei Mal pro Woche ins Fitness-Studio.		
Ich hasse es, auf andere warten zu müssen.		
Teamarbeit und Zusammenhalt sind mir wichtig.		
Ich freue mich, hier arbeiten zu dürfen.		
Ich wohne 20 Kilometer außerhalb der Stadt.		
Ich liebe Hamburger.		
Lesen ist furchtbar langweilig.		
Ich arbeite in einer Jugendgruppe.		
Meine Eltern sind geschieden.		
Am Wochenende bin ich immer unterwegs.		

4. Stelle dich selbst nun in einem kurzen Vortrag vor. Entscheide, ob dein Publikum deine Vorgesetzten oder deine gleichaltrigen Kollegen sind. Lasse dir ein Feedback geben über den Inhalt deines Vortrags, wie du dich sprachlich verhalten hast und ob du deine Körpersprache angemessen eingesetzt hast. Das Publikum kann dir auch ein Feedback zu deiner Mimik geben.

angelehnt an: Maier: Deutsch. Kompetent. S. 7f.

angelehnt an: Hebel: Spracherfahrungen. S. 83

Telefonieren im Beruf muss trainiert werden. Es gibt viele Kriterien zu beachten, damit ein Telefonat im Sinne der Firma und des Kunden gelingt.

Max: Schreinerwerkstatt Schmidtbauer, Max Sebald. Was kann ich für Sie tun?

Kunde: Sevanovic, guten Tag. Ich möchte mit Herrn Westerburg sprechen.

Max: Moment. *(legt Hörer ab – eine Minute später)* Der is grad nich da. Soll er zurückrufen?

Kunde: Ja, das wäre nett.

Max: Ich sag ihm sofort Bescheid, wenn er wieder da ist.

Kunde: Sagen Sie ihm aber bitte, dass ich nur bis 15 Uhr erreichbar bin. Danke!

Max: Alles klar. Tschüss!

Nach diesem Telefonat legt Max Herrn Westerburg einen Zettel auf den Schreibtisch.

Rückruf an Sewanowitsch bis 15 Uhr.

1. **Du bist Max' Ausbildungsleiter und sprichst mit ihm über das Telefonat. Notiere in deinem Heft die Antworten auf die folgenden Fragen:**
   a) Was hat Max gut gemacht? ☺
   b) Wofür bekommt er Minuspunkte? ☹
   c) Warum wird Herr Westerburg vielleicht nicht zurückrufen können?

2. **Schreibe einen neuen angemessenen Dialog, damit Max beim nächsten Mal nur gelobt wird. Beachte dabei auch das Problem des schwierigen Namens.**
   Max: Schreinerwerkstatt Schmidtbauer, Max Sebald. Was kann ich für Sie tun?
   Kunde: …
   Max: …

3. **Stelle dir vor, Herr Westerburg möchte einen Gesprächsnotizzettel entwerfen, damit das Gespräch beim nächsten Mal besser verläuft. Fast in jedem Büro gibt es solche Formulare. Bitte deine Eltern und Bekannten, dir ein Muster mitzubringen, frage selbst in Büros oder Geschäften nach, oder schaue dir im Schreibwarengeschäft einen Vordruck an.
   Welche Informationen werden abgefragt?
   Gibt es Unterschiede bei Größe und Inhalt?
   Was ist sinnvoll?
   Entwickle auf einem DIN-A4-Blatt ein Formular für Herrn Westerburg, das Max nach einem Telefonat ausfüllen kann.**

Wenn du neu in einer Firma bist, können viele Missverständnisse entstehen. Dadurch, dass du die Personen noch nicht richtig einschätzen kannst und nicht recht weißt, wovon/von wem sie sprechen. Dadurch, dass du erst einmal Routine im Arbeitsalltag gewinnen musst. Auch dadurch, dass du dich nicht auskennst. Du sollst z.B. in einer Abteilung etwas abholen und weißt gar nicht, wo in der Firma sie sich befindet. Oder du sollst jemanden anrufen, um einen Termin abzusagen, findest dann aber keine Nummer. Auch beim Ablegen von Papieren kann es passieren, dass man dich über die Vorgehensweise nicht richtig informiert hat. Das Nachfragen ist dir peinlich, du willst schließlich nicht als der Depp vom Dienst dastehen …

i

Damit die Verständigung in Gesprächen gelingt und um Missverständnisse zu vermeiden, kannst du Rückfragen stellen oder in eigenen Worten wiedergeben, was du verstanden hast, z.B.:

- *Habe ich Sie richtig verstanden? Meinen Sie damit, dass …*
- *Ich habe nicht genau verstanden, wo … Was genau benötige ich dafür?*
- …

Wenn die Rückfragen in angemessener Form gestellt werden, wirst du damit als ein kompetenter Gesprächspartner gelten.

a) **Chef zur Auszubildenden am Telefon:** „Frau Meier, gestern hat Herr Führmann eine Nachricht auf den Anrufbeantworter für mich gesprochen. Davon weiß ich noch gar nichts. Bitte hören Sie das ab, und schreiben Sie mir die genauen Daten auf, die er durchgegeben hat." (Du hast noch nie den Anrufbeantworter abgehört. Musst du sonst noch etwas wissen, um die Aufgabe auszuführen?)

b) **Kunde in der Fleischabteilung zur Aushilfe:** „Ich hätte gern ein Kilo Rindfleisch." (Du weißt schon, dass es verschiedene Teile vom Rind gibt, die sich für unterschiedliche Mahlzeiten eignen. Musst du sonst noch etwas wissen, um der Kundin zu helfen?)

c) **Abteilungsleiter zur Auszubildenden:** „Nachher kommen Herr und Frau Seifert wegen der Vertragsdetails. Saus mal los, und besorge ein bisschen was zu essen beim Metzger. Du weißt ja, sie sind unsere besten Kunden. Lass es auf Rechnung schreiben." (Du weißt keine Genauigkeiten zum Einkauf, also zu Ware, Mengen, zur Verfügung stehendem Geld … . Musst du sonst noch etwas wissen, um die Aufgabe auszuführen?)

d) **Meister zum Lehrling:** „Rufen Sie bitte Herrn Bittmann an, und sagen Sie ihm, dass was mit seinen Blattfedern nicht stimmt. Wir regeln das und machen den LKW so weit fertig." (Du kennst den Ausdruck „Blattfedern" noch nicht. Musst du sonst noch etwas wissen, um Herrn Bittmann umfassende Auskunft zu geben?

1. **Lies die Situationen a–d durch.**
2. **Formuliere nun zu jeder Situation Rückfragen zum konkreten Abklären der Aufgabe. Die Fragen sollen so präzise wie möglich sein. Denke auch an die richtige Sprache.**
3. **Suche dir einen Partner, der den Part des „Auftraggebers" übernimmt, und trage der Gruppe deine Frage in angemessenem Tonfall vor. Lasse dir ein Feedback geben: Wirst du mit deinen Fragen alle Antworten bekommen, die du brauchst?**

angelehnt an: Maier: Deutsch. Kompetent. S. 74ff.

Es ist gar nicht so schwer, einen unehrlichen Gesprächspartner zu „entlarven". Es kann sein, dass er nervös ist und das durch Gesten zeigt, z.B.: sich ständig kratzt, am Ohrläppchen herumspielt, etc. Es kann sein, dass er ausweichend oder schwammig antwortet, beim Antworten unsicher wirkt, deinem Blick ausweicht. Vielleicht wirkt seine Antwort einstudiert, oder du merkst, dass er zu lange über seine Antwort nachdenkt. Vielleicht nimmst du auch aus ganz anderen Gründen an, dass er nicht ehrlich ist.
Was kannst du nun tun? Überlege dir zunächst, ob es angebracht ist, deine Zweifel zu äußern. Wenn du beispielsweise das Gefühl hast, dass dein Vorgesetzter nicht ehrlich zu dir ist, kann es zu ernsthaften Problemen führen, wenn du ihn „überführst". Auf der anderen Seite willst du ja deine eigenen Interessen vertreten. Für dieses Problem gibt es keine Standardlösung – jeder Fall ist anders. Da musst du sorgfältig abwägen. Wenn du deine Zweifel äußern kannst und willst, solltest du das so höflich wie möglich, aber dennoch mit Nachdruck tun. Sieh dir dazu auch die Lektion mit den Ich-Botschaften noch einmal an (S. 34/35)!

1. **War schon mal jemand nicht ehrlich zu dir? Woher wusstest du das/woran hast du das gemerkt? Weißt du, welchen Grund die Person für die Lüge hatte? Wie hast du reagiert? Tauscht euch in der Gruppe aus. Haltet an der Tafel Stichworte fest, damit ihr euch an alle Situationen erinnern könnt, über die ihr jetzt sprecht: In Aufgabe 4 sollt ihr noch einmal damit arbeiten!**

2. **Welchen Grund könnten die Personen in den folgenden Beispielen haben, ihren Gesprächspartner anzulügen? Schreibe zu jedem Fall einen Grund in dein Heft.**

   a) Motorradhändler preist gegenüber einem Kunden ein Fahrzeug an.

   b) Vorgesetzter spricht mit Mitarbeiter über seine Arbeit.

   c) Mitarbeiter bietet einem Kollegen in seiner Abteilung an, für ihn auf eine wichtige Messe zu fahren. Angeblich hätte der Kollege so endlich mal Zeit für seine Familie.

   d) Trainer will Schüler zu einer Mitgliedschaft im Fitness-Studio überreden.

3. **Was könnten die angesprochenen Personen in den Situationen a–d sagen, wenn sie eine unehrliche Äußerung vermuten? Schreibe zu jedem Fall eine Antwort in dein Heft, die nicht unhöflich ist, den Gesprächspartner aber möglichst dazu bringt, „mit der Wahrheit herauszurücken". Dabei kann dir die Lektion mit den Ich-Botschaften (S. 34/35) helfen.**

Beispiel:

a) Hören Sie, ich habe ehrlich gesagt das Gefühl, dass Sie mich überreden möchten, genau dieses Motorrad zu kaufen. Könnte es sein, dass Sie die anderen deswegen nicht so gut wegkommen lassen? Können Sie mir die Vor- und Nachteile der anderen Modelle bitte noch mal genau beschreiben?

4. **Sucht euch nun einen Partner. Dann wählt ihr einen der Fälle aus, über die ihr in Aufgabe 1 gesprochen habt. Es sollte ein Fall sein, in dem der „Belogene" seinen Standpunkt/seine Interessen nicht vertreten konnte. Spielt die Situation noch einmal nach. Diesmal macht der „Belogene" seinen Gesprächspartner so höflich wie möglich auf seine Zweifel aufmerksam.**

Kristin macht eine Ausbildung zur Kauffrau für Bürokommunikation. Es ist Montag, und sie hat einen ziemlich ätzenden Sonntag hinter sich. Sie hat sich mit ihren Eltern gezofft, weil sie Samstagabend zu spät nach Hause gekommen ist, und dann hat sie sich noch beim Handballspielen ihren Knöchel verstaucht.
Sie hat kaum geschlafen und mordsmäßig schlechte Laune.
Nun sitzt sie im Büro und muss die Lieferscheine der letzten Woche sortieren. Das ist nicht gerade ihre Lieblingsbeschäftigung. Aber immer noch besser, als Zahlen in irgendwelche Listen im Computer einzugeben!
Das ist nämlich anstrengend.
Da kommt ihre Ausbildungschefin zur Tür herein.
Der folgende Dialog beginnt so:

Chefin: Guten Morgen, Kristin! Du, hör mal, ich sitze gerade über den Zahlen von letzter Woche.
Da ist dir bei der Eingabe wieder ein Fehler passiert.
Du musst wirklich ein bisschen besser aufpassen.
Bitte überprüfe das gleich, bevor du etwas anderes machst, und schicke es mir dann rüber, okay?

Kristin: Ach, immer diese blöden Zahlen! Da kann ich ja nichts für, dann müssen die im Einkauf halt sauberer schreiben. Echt! Jetzt mach ich erst die Lieferscheine. Das nervt!

1. **Wie geht wohl das Gespräch weiter? Wie könnte die Chefin reagieren? Schreibe den Dialog fertig!**
2. **Sucht euch einen Partner, und spielt der Gruppe die Szene vor. Mindestens drei Paare sollten spielen. Nach jedem Spiel sprecht ihr in der Gruppe über den gehörten Dialog. Was macht Kristin falsch? Wie reagiert die Chefin darauf? Habt ihr unterschiedliche Cheftypen erfunden?**
3. **Kritik anzunehmen und einen Fehler einzugestehen, ist nicht leicht. Es gibt aber ein paar Regeln, die du einhalten solltest, damit ein Gespräch nicht im Streit endet. Überlegt gemeinsam!**

   Regeln für eine Antwort, wenn ich kritisiert werde:
   - tief durchatmen
   - erst einmal zuhören
   - …
4. **Schreibt jetzt gemeinsam mit eurem Partner den Dialog so um, dass Kristin und ihre Chefin ohne Streit auseinandergehen.**
   Chefin: … und schicke es mir dann rüber, okay?"
   Kristin: …
5. **Spielt euch auch diesen Dialog mehrmals vor. Fragt die Spieler, wie es ihnen ergangen ist. Probiert die Regeln beim nächsten Mal auch zu Hause und in der Schule aus.**

TEIL 2
PRAXIS

Sonstiges

Arbeitsblätter

Zu wem spreche ich?

Wie ich eine Nachricht in einem Gespräch an jemanden „versende", hängt von verschiedenen Faktoren ab:

- *welche Rolle habe ich (Freund, Kind, Schüler),*
- *an wen versende ich die Nachricht,*
- *aus welcher Altersgruppe komme ich (Erwachsener, Jugendlicher),*
- *aus welchem Umfeld stamme ich,*
- *mit welcher Absicht will ich das Gespräch führen,*
- *welches Vorwissen zu dem Thema haben beide Partner,*
- *wie kann ich mich ausdrücken,*
- *spreche ich Dialekt, Umgangssprache, Jugendsprache,*
- *wie ist meine Körperhaltung und Mimik.*

Beispiel:

Im überfüllten Bus bittest du jemanden, die Tasche vom Sitz zu nehmen, damit du dich hinsetzen kannst.

Deinen besten Freund: „Hi, Mann, du hast deine Tasche falsch geparkt. Nimm sie auf deinen Schoß, ich will auch sitzen!"

Eine ältere Dame: „Könnten Sie vielleicht Ihre Tasche wegnehmen? Ich würde mich gern hinsetzen."

1. **Anhand eines Ratespiels könnt ihr das kommunikative Einstellen auf andere Menschen üben. Suche dir eine der unten beschriebenen Situationen aus. Denke dir eine Person aus, die du ansprechen möchtest, und schreibe sie verdeckt auf einen Zettel (z.B. „meine Mutter", „ein Lehrer", „mein bester Freund" ...). Formuliere deine Aussage, und lasse die anderen raten, wer deine angesprochene Person sein könnte. Derjenige, der sie richtig errät, darf weitermachen, sobald ihr Aufgabe 2 abgehandelt habt!**

Du stellst jemandem den neuen Freund/die neue Freundin vor.

Du willst dir fünf Euro leihen.

Du bedankst dich für ein Geburtstagsgeschenk.

Du erzählst vom gestrigen Abend.

Du kommst zu spät zu einem verabredeten Termin.

Du wünschst jemandem einen schönen Urlaub.

2. **Diskutiert in der Gruppe, ob ihr euch mit eurem Satz jeweils angemessen verhalten habt. Woran lag es, dass der ausgedachte Ansprechpartner erraten bzw. nicht erraten wurde?**

Körpersprache – Diskussion mit den Stummen

Die Wichtigkeit der Körpersprache wird oft unterschätzt. Du achtest nicht wirklich darauf, was dein Gesicht, deine Hände oder dein Körper ausdrücken. Doch auch ohne Stimme kann man viel „sagen"!

Erprobt das in folgendem Spiel:

Anleitung:

Zwei Jugendliche sitzen sich gegenüber. Einer redet engagiert auf sein Gegenüber ein (mögliche Themen/Thesen: siehe unten!). Dieser ist aber stumm und kann nur durch Mimik und Gestik antworten. Diskutiert in wechselnden Rollen verschiedene Themen, wobei der Sprecher jeweils beginnt!

Überlegt euch vor jedem Spiel, wer für die These und wer dagegen ist. Ihr solltet euch auch ein paar Minuten Zeit nehmen, um ein paar Argumente zu sammeln.

Hinweis: In diesem Spiel geht es nicht darum, hieb- und stichfeste Argumente zu haben; vielmehr geht es für die „Stummen" um die körpersprachliche Vermittlung, für die anderen um ihre Deutung.

Themen:

- „Kinder sollten so viel Süßes essen dürfen, wie sie wollen."
- „Auch in der Ganztagsschule sollte es Hausaufgaben geben."
- „Es sollte noch viel mehr Zoos geben!"

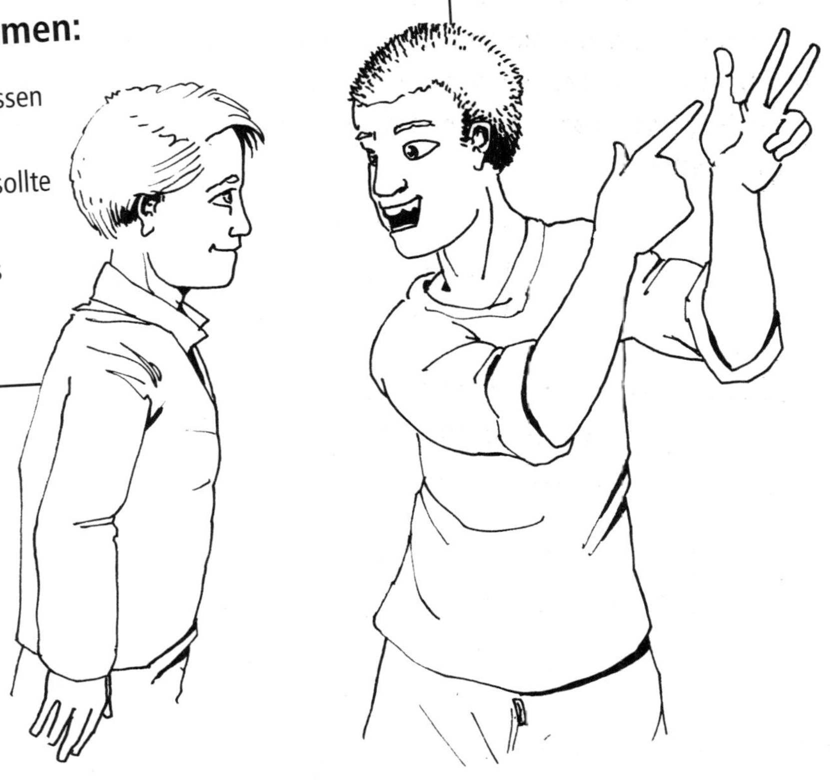

Denkt euch weitere Themen aus! Woran habt ihr erkannt, was die Stummen euch antworten? Waren Mimik, Gestik und Körperhaltung eindeutig?

Teil I: Basics – Arbeitsblätter

Kommunikationsebenen 1/2, S. 27

Zu Aufgabe 1.)

a) Sachinhalt
b) Sachinhalt
c) Beziehung
d) Appell
e) Selbstkundgebung
f) Appell
g) Selbstkundgebung
h) Beziehung

Kommunikationsebenen 2/2, S. 28

Zu Aufgabe 1.)

a) **Sachinhalt:** Schüler kaut Kaugummi im Unterricht.
Selbstkundgebung: Ich ärgere mich zum wiederholten Mal über dein unpassendes Verhalten.
Beziehung: Du verstößt gegen die Regeln, das kann ich als dein Lehrer nicht akzeptieren.
Appell: Nimm das Kaugummi aus dem Mund!

b) **Sachinhalt:** Du bist nicht an dein Handy gegangen.
Selbstkundgebung: Ich ärgere mich darüber, dass ich dich nicht erreichen konnte.
Beziehung: Du bist nicht für mich da, wenn ich dich als Freund brauche.
Appell: Geh das nächste Mal an dein Handy, wenn ich dich anrufe!

c) **Sachinhalt:** Die Nudeln sind kalt.
Selbstkundgebung: Ich bin enttäuscht darüber, dass die Nudeln kalt sind.
Beziehung: Ich erwarte von meiner Mutter warme Nudeln.
Appell: Wärme mir die Nudeln auf!

Sprechen in verschiedenen Situationen, S. 29/30

Zu Aufgabe 3.)

a) Umgangssprache
b) Jugendsprache
c) Jugendsprache
d) Jugendsprache
e) Umgangssprache
f) Umgangssprache
g) Jugendsprache
h) Standardsprache
i) Umgangssprache
j) Umgangssprache
k) Jugendsprache
l) Standardsprache
m) Standardsprache
n) Standardsprache
o) Standardsprache

Zu Aufgabe 4.)

a) Wo befinden sich denn hier bitte die Toiletten?/ Wo kann ich pinkeln gehen?
b) Könnte ich mir diese CD eventuell mal ausleihen?/ Lass ma die CD rüberwachsen!
c) Dürfte ich dich vielleicht mal ins Kino einladen?/ Bock auf Kino?
d) Entschuldigen Sie vielmals, aber das Essen ist leider nicht nach meinem Geschmack./ Was'n das für'n Fraß?

Kommunikationsabsichten, S. 32

Zu Aufgabe 1.)
- jemanden trösten
- sich informieren
- sich etwas wünschen/um etwas bitten
- zu etwas auffordern
- loben
- entschuldigen
- sich verabreden
- sich beschweren
- nach etwas fragen
- etwas bestellen
- etwas kaufen/verkaufen
- verhandeln
- etwas beschreiben
- begrüßen/verabschieden
- sich vorstellen
- diskutieren
- argumentieren
- Zuneigung/Ablehnung ausdrücken
- von etwas berichten
- jemanden einladen
- sich bedanken
- etwas beantragen/buchen
- etwas absagen

Bestandteile von Ich-Botschaften, S. 34/35

1. Teil:
1. **c)** 2. **a)** 3. **c)** 4. **b)**

2. Teil:
1. Darüber ärgere ich mich.
2. Ich wundere mich über so eine Verwechslung.
3. Das finde ich schade.
4. Das finde ich verdächtig.

3. Teil:
1. Das kann ich mir nicht mehr leisten.
2. Ich muss jetzt entweder Hühnchen essen oder lange auf mein Essen warten.
3. Ich musste allein trainieren.
4. Ich habe den Abend allein verbracht und war bei euch abgeschrieben.

Teste dich selbst – Redewendungen, S. 38

Zu Aufgabe 1.)
a) sich ungewöhnlich verhalten (Sprechen in verschiedenen Situationen)
b) So wie man sich anderen gegenüber verhält, so verhalten sich diese auch zu einem selbst (Körpersprache, Sprechen in verschiedenen Situationen, Ich-Botschaften)
c) sehr redegewandt sein, sich gut ausdrücken können (Sprechen in verschiedenen Situationen, Körpersprache, Kommunikationsabsichten, Ich-Botschaften)
d) etwas sagen, was der Gesprächspartner auch gerade sagen wollte (Aktives Zuhören)
e) Es kommt nicht nur darauf an, was man sagt, sondern wie man es sagt (Körpersprache, Sprechen in verschiedenen Situationen)
f) widersprüchlich reden, lügen (Körpersprache, Kommunikationsabsichten)
g) sich beherrschen, nichts Unbedachtes sagen (Sprechen in verschiedenen Situationen, Ich-Botschaften)
h) viel reden (Kommunikationsabsichten)
i) Auf dieses Thema gehe ich nicht ein, das lehne ich ab (Aktives Zuhören, Kommunikationsebenen)
j) sich etwas genau merken (Aktives Zuhören)
k) auf Aufmerksamkeit stoßen (Aktives Zuhören)

Zu Aufgabe 2.)
Weitere Redewendungen:
- jemandem etwas flüstern
- dick auftragen
- jemandem einen Knopf/ein Kotelett an die Backe labern
- etwas brennt einem auf der Zunge
- etwas lässt tief blicken
- jemanden aus der Reserve locken
- hohe Wellen schlagen
- den Ball flach halten
- auf dem Schlauch stehen etc.

Teil II: Praxis – Arbeitsblätter

Beschweren – Mündliche Note, S. 57

Zu Aufgabe 1.)

Grundvoraussetzung (im Text erkennbar):

Höflich sein, die richtige Sprache wählen, Argumente haben, eine passende Gelegenheit suchen.

Zu Aufgabe 5.)

Ein möglicher Spickzettel könnte lauten:

Wenn ich mich über etwas beschweren möchte, sollte ich

- genau wissen, worüber ich mich beschwere,
- gut überlegen, ob die Beschwerde gerechtfertigt ist,
- mir gute Argumente zurechtlegen,
- mich auf mögliche Gegenargumente einstellen,
- einen Lösungsvorschlag parat haben,
- eine passende Gelegenheit für das Gespräch suchen,
- mich auf die Person, bei der ich mich beschweren möchte, genau einstellen,
- höflich, freundlich und sachlich sprechen.

Eine Bitte/Aufforderung ablehnen, S. 58

Zu Aufgabe 1.)

Für a) Beispiel:

a / b	Person	Bitte/Aufforderung	Gründe für „NEIN"	Gründe für „JA"
a	Klassenkamerad	Wollte bei mir abschreiben	• Kk. macht seine Hausaufgaben nie • ist selber kein bisschen hilfsbereit	• wollte den Kk. nicht vor den Kopf stoßen • wollte nicht, dass die anderen mich für asozial halten/über mich geredet wird

Für b) Beispiel:

a / b	Person	Bitte/Aufforderung	Gründe für „NEIN"	Gründe für „JA"
b	Meine Oma	Hat mich gefragt, ob ich sie mal wieder besuchen komme	• habe auf Anruf von neuem Freund gewartet, dann war Oma dran • hatte keine Lust, den Nachmittag in ihrem miefigen Wohnzimmer zu hocken	• hab sie lang nicht mehr besucht • sie ist oft alleine

Zu Aufgabe 2.)

Gründe, warum man Bitten ablehnen könnte	Gründe, warum man nicht nein sagen möchte
• keine Zeit • kein Interesse • weil man die Person nicht mag • weil die Person dauernd um Gefallen bittet / weil man sich ausgenutzt fühlt • weil die Person selber nicht hilfsbereit ist • weil es eine unangenehme Arbeit ist, die die Person selbst nicht übernehmen möchte • weil man weiß, dass es einem nicht guttut	• weil man gemocht werden will, weil man dazugehören will • weil man Angst vor den Folgen hat (z.B., wenn der Lehrer um etwas bittet) • weil man nicht als egoistisch dastehen möchte • weil man Angst hat, etwas zu verpassen (z.B. Party …) • weil man nicht will, dass die Leute über einen reden • weil man Angst hat, dass der andere blöd reagiert

Ausnutzen, S. 59/60

Zu Aufgabe 2.)

Liebes Tagebuch!

Heute habe ich endlich mit Olga über mein Problem gesprochen. Ich habe ihr
gesagt, dass sie mich nun schon zum dritten Mal in zehn Tagen gefragt hat,
ob sie meine Hausaufgaben abschreiben kann. Ehrlich gesagt, habe ich erklärt,
ärgert mich das. Sie hat mich zuerst nicht verstanden und gemeint, dass ich
doch eh meine Hausaufgaben machen würde. Aber ich habe ihr erklärt, dass ich
dafür einen großen Teil meiner Freizeit opfere und z.B. auf einen Abend vor dem
Fernseher verzichte. Da hat sie mich groß angeguckt. Klar, hab ich gesagt, ich
weiß ja: Dir macht vieles, was mit Schule zu tun hat, keinen Spaß. Und ich
gönn dir ja auch, dass du stattdessen mit deinem Freund rumhängst. Aber
manchmal machen die Sachen mehr Spaß, wenn man sie kapiert, und deshalb
wär es vielleicht nicht doof, die Hausaufgaben manchmal selber zu machen.
Olga war dann ein bisschen sauer und meinte, ob das jetzt heißen sollte, dass
sie nie wieder bei mir abschreiben könnte. Aber ich hab geantwortet, dass ich ihr
auch weiter aus der Patsche helfe – notfalls, aber dass sie sich ruhig mal bedanken
kann. Dass ich bislang nicht das Gefühl hatte, dass sie meine Hilfsbereitschaft
schätzt. Und ich hab sie gefragt, ob sie mir nicht mal in Mathe auf die Sprünge
helfen kann, im Gegenzug. Da hat sie gelacht und gesagt, dass sie das gern macht.
Ich glaub, nach dem Gespräch waren wir eigentlich beide ganz happy. Ich glaub
nicht, dass Olga mich weiter ausnutzen wird. Ich glaub, sie hat das kapiert.

Deine Sophie

Sich entschuldigen, S. 61

Zu Aufgabe 4.)

Formulierungsvorschlag:

Eva, ich muss mich bei dir entschuldigen. Mir ist was ziemlich Blödes passiert. Weil ich so geschwitzt habe, ist mir meine Flasche aus der Hand gerutscht. Naja, und direkt daneben stand leider deine Tasche. Ich glaube, dein Handy ist auch nass geworden. Ich will das selbstverständlich wieder in Ordnung bringen. Lass uns mal übelegen wie.

Zu Aufgabe 5.)

- den Pullover waschen
- das Handy reparieren lassen (wenn möglich)
- das Handy über die Versicherung ersetzen
- ein anderes (gebrauchtes) Handy ausleihen
- das eigene Handy hergeben
- den Geldwert anbieten
- falls kein Ersatz gewünscht wird, ein anderes „Geschenk" überlegen (Kino-Besuch, Pizza-Essen …)

Streber, S. 62

Zu Aufgabe 1.)

Antworten auf den Streber-Vorwurf könnten wie folgt lauten:

- Glaubst du, dass die Notengebung ungerecht ist?
- Soll ich dem Lehrer verbieten, mir gute Noten für meine Leistungen zu geben?
- Wer gute Noten bekommt, ist doch nicht automatisch ein Streber!
- Findest du es fair, mich wegen guter Noten schlechtzumachen?
- Du würdest dich über eine gute Note doch auch freuen, warum sollte ich mich nicht ebenfalls freuen dürfen?
- Wenn du mir einen Augenblick zuhörst, verrate ich dir den Unterschied zwischen mir und einem Streber.
- Warum stört es dich, dass ich eine gute Note erhalte?
- Welchen Nachteil hast du davon, wenn ich eine gute Note bekomme?
- Bin ich nur deshalb für dich ein Streber, weil mir das Lernen etwas leichterfällt?
- Wenn du willst, könnten wir für die nächste Arbeit gemeinsam lernen.

Vorsicht:

Oft macht der Ton die Musik! Solche oder ähnliche Antworten dürfen selbstbewusst vorgetragen werden, sollten aber nicht arrogant wirken oder verletzen!

Trösten/Aufmuntern – Spontan reagieren, S. 63

Zu Aufgabe 1.)

Die Tabelle könnte folgende Punkte enthalten:

Dos 1. aktiv zuhören, Fragen zum Verständnis stellen 2. den anderen entscheiden lassen, wie viel er erzählen möchte 3. eine Rückmeldung darüber geben, was man verstanden hat 4. mitfühlende Worte äußern, diese mit Mimik, Gestik und evtl. Berührungen unterstützen 5. von eigenen Erlebnissen berichten, die gut ausgegangen sind 6. fragen, ob der andere schon eine Idee hat, was er tun könnte 7. fragen, ob man dem anderen helfen kann 8. eigene Ideen und Ratschläge weitergeben
Don'ts: 1. unkonzentriert/uninteressiert sein 2. zu aufdringlich/indiskret sein 3. Erlebnisse zum Thema erzählen, die nicht gut ausgegangen sind 4. nur von sich reden 5. nur Floskeln verwenden 6. die Probleme ins Lächerliche ziehen 7. den anderen unterbrechen

Geld zurückfordern, S. 64

Zu Aufgabe 3.)

Formulierungsvorschlag:

„Hör mal, Leo. Vor zwei Wochen habe ich dir das Geld für das Schulbuch geliehen, und ich habe es bis heute nicht zurückbekommen. Das ärgert mich, weil ich dich bereits ein paar Mal daran erinnert habe. Du bekommst das Geld doch bestimmt von deinen Eltern. Ich habe dir ja schon öfter was geliehen, und du hast es mir dann zurückgegeben. Das erwarte ich einfach unter Freunden, und deshalb vertraue ich dir auch. Bis übermorgen will ich das Geld definitiv zurückhaben, denn ich bin seit Tagen blank. Ansonsten war es das letzte Mal, dass ich dir Geld geliehen habe."

Eine Einladung ablehnen, S. 66

Zu Aufgabe 3.)

Marias Ich-Botschaft könnte folgendermaßen lauten:

„Ey, Alex, hör mal. Du hast mich in den letzten zwei Wochen schon 4-mal angerufen und mich ins Kino eingeladen. Das ist echt nett von dir. Aber ehrlich gesagt freue ich mich darüber nicht. Ich möchte nicht mit dir ins Kino gehen, egal wie oft du anrufst. Ich habe gehofft, das würdest du vielleicht so verstehen, aber es ist fairer, wenn ich es dir sage. Ich wünsche mir, dass du das einfach so akzeptierst. Dann bist du nach den Anrufen nicht mehr enttäuscht, und ich bin nicht genervt, wenn du es wieder probierst. Vielleicht findest du bald jemanden, der deine Einladung gern annimmt."

Beschweren – wie man in den Wald hineinruft ..., S. 69

Zu Aufgabe 3.)

- ruhig zuhören
- ihn nicht unterbrechen
- die Gefühle des Beschwerenden ernst nehmen
- eigenen Standpunkt ruhig und klar darlegen, als Ich-Botschaft formulieren
- einen angemessenen Ton wählen
- einen Kompromiss vorschlagen, z.B. abwechselnde Ruhepausen und „Musikzeiten"

Um etwas bitten – Neuer PC, S. 70

Zu Aufgabe 1.)

a) Ich kann den PC zu selten nutzen und möchte einen neuen eigenen haben.

b) Das Gespräch könnte beim Abendessen in der Küche stattfinden.

c) Ich möchte, dass meine Eltern mir einen neuen PC kaufen. Sie könnten den Einwand haben, dass wir bereits einen PC haben und kein Geld für ein neues Gerät da ist.

d) Meine Eltern treffen letztendlich die Entscheidungen.

e) Ich muss ihnen klarmachen, dass ich den PC auch für die Schule nutzen kann und bisher nur selten am PC arbeiten konnte. Ich muss höflich bleiben und gut argumentieren, um sie zu überzeugen. Dabei sollte ich auch auf ihre Argumente eingehen.

Zu Aufgabe 4.)

Mögliche Regelliste:

Wenn ich von meinen Eltern etwas erbitten will, dann sollte ich

- mein Ziel, das ich erreichen will, genau festlegen
- über Zeit und Ort des Gesprächs genau nachdenken
- für ein gutes Gesprächsklima sorgen
- mir gute Argumente überlegen
- auf die Gefühle meiner Eltern eingehen
- die richtige „Sprache" sprechen
- meine Gefühle deutlich äußern

Entschuldigen – Der Ton macht die Musik, S. 71/72

Zu Aufgabe 2.)

Formulierungsvorschläge:

Philipp: Du hattest Recht. Ich war wieder mal unordentlich. Ich war direkt nach der Schule mit Paul zum Eislaufen verabredet und hatte das völlig vergessen. Weil ich meine Hausaufgaben schon in der Freistunde erledigt hab, hab ich den Schulranzen einfach stehen lassen. Ich war so froh, dass ich nichts mehr für die Schule tun musste. Es tut mir leid. Ich verspreche dir, dass ich mir in Zukunft Mühe gebe und mich bessern werde.

Petra: Papa, kann ich kurz mal mit dir reden? Wegen Dienstagabend ... Als ich eine halbe Stunde zu spät nach Hause gekommen bin. Ich habe mich nach dem Film mit Andrea verquatscht und habe völlig die Zeit vergessen. Es war wirklich keine Absicht. Sie hat Ärger zu Hause, und das wollte sie mir unbedingt noch erzählen. Ich hätte kurz anrufen sollen, aber ich habe wirklich nicht auf die Uhr geguckt. Das nächste Mal bin ich wieder pünktlich.

Susi: Mom, hast du kurz Zeit? Ich würde mich gern bei dir dafür entschuldigen, dass ich deine DVD kaputt gemacht habe. Echt Mist – das weiß ich. Es war so ein toller Abend, wir hatten jede Menge Spaß. Da war ich wohl etwas übermütig und unvorsichtig. Entschuldige bitte! In Zukunft passe ich besser auf Dinge auf, die ich mir ausleihe.

Jörg, 15: Mama, das wollte ich dir noch kurz sagen. War echt blöd von mir, dass ich die Eier nicht mitgebracht hab. Aber weißt du, Lena hat mich einfach durcheinander gebracht – positiv gesehen. Aber die Nudeln haben dann echt lecker geschmeckt und die Eier kann ich heute Nachmittag schnell für morgen holen, okay? Nicht böse sein!

Ivo: Hey Papa, es geht um unseren Streit vorhin. Es war blöd von mir, dass ich so genervt reagiert habe, als du meine Hilfe brauchtest. Ich war grad mitten im Spiel und grad so gut dabei. Hab wohl alles um mich rum vergessen. Sorry, kommt nicht wieder vor. Das nächste Mal helfe ich dir sofort – und schrei nicht gleich rum. Versprochen!

Oma und Opa kommen zum Essen, S. 73

Zu Aufgabe 1.)
Lena und Kevin haben Jugendsprache verwendet.

Zu Aufgabe 2.)
Lösungsvorschlag:

Kevin: Ich war auf einer richtig guten Feier. Eigentlich sollte es eine Veranstaltung sein, in der wir unsere Computer mitnehmen und gegeneinander spielen. Aber dann waren Mädchen dort, die gar nichts von dem Computerspiel verstanden haben. Sie dachten wirklich, sie wären ganz toll und hübsch. Das war wirklich ermüdend! Schließlich haben wir ein bisschen Alkohol getrunken und Spaß gehabt. Das war richtig gut und witzig. Die Mädchen sind dann irgendwann gegangen, und wir Jungs haben noch vier Stunden Computer gespielt. Wirklich großartig!

Lena: Am Samstag war's bei mir richtig gut. Wir hatten keine Lust, schon wieder ins Café zu gehen. Da ist es wirklich teuer. Außerdem sind da immer so viele Raucher. Sabines Eltern waren irgendwo eingeladen. Deshalb hatten wir unsere Ruhe und konnten ein bisschen ins Internet. Das war wirklich witzig. Wir haben uns da mit einigen Leuten Nachrichten geschrieben. Später haben wir uns dann noch einen richtig guten Film angesehen. Dabei habe ich die Zeit ganz vergessen. Ich wäre fast zu spät nach Hause gekommen!

Zu Aufgabe 3.)
Umgangssprache

Zu Gast bei den Eltern eines Freundes, S. 74

Zu Aufgabe 5.)
Eine Liste könnte beispielsweise so aussehen:

- Ich ziehe mich ordentlich an.
- Ich gebe den Eltern die Hand und stelle mich vor.
- Ich bin höflich und freundlich.
- Wenn es Essen gibt, frage ich, ob ich helfen kann.
- Ich versuche erst einmal, die Familienmitglieder einzuschätzen. Dann kann ich vielleicht auch einschätzen, was sie von mir erwarten.
- Ich antworte höflich auf Fragen.
- Ich bemühe mich um ein Gespräch. Wenn Interesse besteht, erzähle ich von mir und meiner Familie.
- Wenn ich meinen neuen Partner besuche, knutsche ich nicht vor den Eltern mit ihm rum oder so.

Begrüßungen im Dienstleistungsbereich, S. 76

Zu Aufgabe 2.)
Eine Liste könnte beispielsweise so aussehen:

- freundlich sein
- lächeln
- mir etwas Zeit nehmen
- ggf. die Hand schütteln
- dem Gegenüber in die Augen sehen
- ggf. etwas Small Talk halten, fragen, wie es ihm geht

Nach einem Weg fragen, S. 77

Zu Aufgabe 3.)

Möglicher Merksatz:

Wenn ich einen Fremden nach einem Weg frage, achte ich auf

- eine angemessene Sprache
- Höflichkeit und Freundlichkeit
- Ort und Situation, in der ich den Fremden anspreche

Sich nicht abwimmeln lassen, S. 80

Zu Aufgabe 1.)

Formulierungsvorschläge:

a) Wissen Sie vielleicht, an wen ich mich wenden kann?
b) Könnten Sie mir denn vielleicht sagen, wer mir da weiter helfen kann?
c) Könnten Sie mich denn vielleicht mit ihm verbinden?
d) Wer kennt sich denn da wohl aus?
e) Wissen Sie denn vielleicht, wo ich es bekommen könnte?
f) Haben Sie vielleicht einen Tipp für mich, wo ich es versuchen könnte?
g) Wann kann ich denn jemanden erreichen?
h) Wann passt es Ihnen denn besser?

Ein neuer MP3-Player – schlechte Beratung, S. 81

Zu Aufgabe 1.)

Peter hätte sich folgende Dinge überlegen müssen:

- Was ist das Gute an meinem alten MP3-Player?
- Wie viel Speicherkapazität sollte der MP3-Player haben?
- Welche Extras sollte er haben? (z.B. großes Display, sodass man auch Filme gucken kann, Radiofunktion ...)
- Wie viel Geld kann ich ausgeben?
- Was will ich auf keinen Fall?

Zu Aufgabe 3.)

- er hätte Peter nach seinen Vorstellungen fragen können/fragen können, was er an seinem alten Gerät so schätzt
- er hätte Peters finanzielle Bedingungen berücksichtigen müssen/nach dem Betrag fragen sollen, den er ausgeben will, und ihm entsprechende Modelle vorstellen
- er hätte das Nachfolgermodell eingehender beschreiben können und ggf. erklären können, warum es denn eigentlich Mist sei
- er hätte besser auf Peters Fragen eingehen müssen
- er hätte Peter nicht unter Druck setzen sollen
- er hätte nicht so ungeduldig sein dürfen

zu Aufgabe 5.)

Eigenschaften für einen „perfekten Verkäufer":

- er begrüßt den Kunden freundlich
- er fragt nach seinen Wünschen
- er versucht, sich in den Kunden hineinzuversetzen, und nimmt sich Zeit für ihn
- er stellt weiterführende Fragen, z.B. wie viel Geld ausgegeben werden soll, wie hoch die Ansprüche bzgl. Qualität und Modernität sind
- er spricht in einer angemessenen, verständlichen Sprache (bei Laien kein „Fachchinesisch")
- er versucht, alle Fragen zu beantworten. Im Zweifelsfall holt er jemanden, der qualifizierter ist
- er drängt nicht zum Kauf der Ware
- er verabschiedet sich dankend und freundlich, auch wenn es nicht zu einem Kaufabschluss gekommen ist.

Sich beim Einkaufen wehren, S. 82

Zu Aufgabe 2.)

Mögliche Gründe dafür, ein Verkaufsgespräch nicht zu beenden, obwohl man nichts einkaufen möchte:

- Angst, dass der Verkäufer unfreundlich reagiert

- Schlechtes Gewissen, weil man den Verkäufer ohne Erfolg für ihn bemüht hat
- Peinlichkeit, weil andere Kunden warten mussten
- Keine Erfahrung
- Das grundsätzliche Problem, nicht nein sagen zu können
- Angst, uncool zu sein, wenn man einen bestimmten Artikel nicht kauft

Zu Aufgabe 3.)
- „Danke für die Informationen. Ich muss es mir nun wirklich noch einen Tag überlegen."
- „Danke, dass Sie mir geholfen haben. Aber ich wusste wirklich nicht, dass ich hierfür soviel Geld ausgeben muss. Da muss ich erst noch etwas sparen."
- „Danke, Sie haben mir zwar weitergeholfen, aber so richtig entscheiden kann ich mich immer noch nicht."

Zu Aufgabe 4.)
Zum Beispiel:
- Achseln bedauerlich zucken; Hände bei leicht angewinkelten Armen offen nach oben, um Bedauern zu zeigen ...
- Oder: gerader Rücken, feste Stimme, ...

Zu Aufgabe 7.)
- sich höflich für die Beratung bedanken
- aufrechte Körperhaltung mit Blickkontakt
- mit Mimik und Gestik die Worte unterstützen
- keine Ausreden erfinden
- evtl. einen erneuten Besuch ankündigen
- verabschieden

Etwas zurückgegeben, S. 83

Zu Aufgabe 1.)
Möglicher Spickzettel:

1.) mit der Wahrheit versuchen: wenig Geld; wegen des Drucks der anderen gekauft

2.) Brille, Etui (Originalverpackung), Kassenbon

3.) Grundsätzlich gilt im öffentlichen Leben die Standardsprache als angebracht. Wenn der Verkäufer im Alter dir ähnlich ist oder du ihn vielleicht kennst, kannst du auch umgangssprachlich argumentieren. Höflich und sachlich musst du in jedem Fall bleiben. Entschuldige dich im Vorfeld für Unannehmlichkeiten.

4.) Höflich sein, freundlich sein, einen guten Tag wünschen, mich schon im Vorfeld für die Unannehmlichkeit entschuldigen ... Darauf achten, dass ich sauber und gepflegt wirke. Dem Verkäufer offen ins Gesicht schauen, das Anliegen nach der Begrüßung mit einem freundlichen Lächeln vorbringen.

5.) Freundliches Bedauern. Verkäufer könnte Angst haben, dass Kunden nur noch kommen, um Ware auszuprobieren, könnte sagen, dass ja kein Defekt daran ist, dass er rechtlich dazu nicht verpflichtet ist, dass ein Chef eine Rücknahme nicht genehmigen würde ...

Einen gebrauchten Artikel kaufen/verkaufen, S. 84

Zu Aufgabe 4.)
Feilschen könnte man z.B.:
- auf dem Flohmarkt/Fahrradmarkt, etc.
- im Antiquariat
- am Telefon auf eine Zeitungsanzeige hin
- wenn man einem Freund/Bekannten etwas abkauft
- auf dem Markt
- im Berufsleben (siehe Beispiel auf Arbeitsblatt; weitere Beispiele: Sonderkonditionen für Firmenwagen/Winterreifen, Transportmöglichkeiten, Einkaufspreise für Ware ...)
- im Privatleben (siehe Beispiele auf Arbeitsblatt; weitere Beispiele: mit den Eltern aushandeln, wie viel Geld man für das Mittagessen mitnehmen darf u.ä.)
- ggf. bei Telekommunikationsanbietern für Paketpreise
- Versicherungen
- Möbelhäuser
- Autohäuser
- etc.

Unangebracht ist das Feilschen:
in Geschäften, beim Frisör, im Restaurant, etc.

Etwas in der Zeitung verkaufen, S. 85

Zu Aufgabe 1.)

Anzeigen können sich wesentlich unterscheiden durch:

- Länge
- Detailliertheit der Angaben/Hinweise auf Erreichbarkeit der Verkäufer
- Größe/Gestaltung (Schrift)
- Sprache

Zu Aufgabe 2.)

- Was verkaufe ich?
- Was will ich über das Produkt mitteilen?
- Wie viel soll es kosten?
- Wie/Wann kann man mich erreichen?

Zu Aufgabe 4.)

Gebrauchtes, gut erhaltenes Jugendfahrrad, 20 Zoll, mit Gepäckträger der Marke „Tribe" in lila günstig abzugeben. Das Fahrrad hat eine 5-Gang-Schaltung, einen Ständer und Reflektoren. Es ist 5 Jahre alt, sehr gut erhalten. Vorder- und Rücklicht sind funktionstüchtig. Neupreis: 600 Euro, Verkaufspreis: 200 Euro.

Zu Aufgabe 5.)

- Wie groß soll die Anzeige sein?
- In welcher Rubrik soll sie erscheinen?
- Wann soll sie erscheinen?
- Wie oft soll sie erscheinen?
- Wie kann man mich bei Rückfragen erreichen?
- Wie möchte ich bezahlen?

Arzttermin telefonisch absagen, S. 86

Zu Aufgabe 1.)

- Name der Praxis
- Sprechstundenzeiten
- eine Nummer für Notfälle
- die Bitte, nach dem Piepton zu sprechen

Zu Aufgabe 4.)

Mögliche Nachricht von Mirko:

Guten Tag! Mein Name ist Mirko Kajatan. Ich habe morgen, am ..., um ... Uhr einen Arzttermin bei Dr. Kluge. Leider kann ich diesen Termin nicht wahrnehmen. Ich werde mich so bald wie möglich melden, um einen neuen Termin auszumachen. Herzlichen Dank fürs Weiterleiten und auf Wiederhören.

Lächeln durch das Telefon, S, 87

Zu Aufgabe 3.)

Mögliche Situationen

- berufliche Anrufe
- um Auskunft bitten
- einen Termin verschieben
- bei den Eltern eines Freundes anrufen

W-Fragen zum Erschließen einer Stellenanzeige, S. 90/91

Zu Aufgabe 1.)

Folgende Fragen beantwortet die Stellenanzeige:

- Wer hat die Anzeige aufgegeben? Die Firma Packler (Wer genau ist mein Ansprechpartner? Wo ist die Fa?)
- Was wird angeboten? Verpackungsarbeiten (Was genau muss getan werden?)
- Wann soll der Job beginnen/wie lange soll er dauern? In den Ferien (Von wann bis wann genau?)

Folgende Fragen kann ich wahrscheinlich durch Recherche selbst beantworten:

- Wo befindet sich die Firma?
- Eventuell: Wer ist mein Ansprechpartner? (diese Information könnte auf der Homepage zu finden sein)

Folgende Fragen muss ich wahrscheinlich telefonisch klären:

- Was soll verpackt werden?
- Von wann bis wann soll der Job genau gehen?
- Wie und wo soll ich mich bewerben?
- Ggf.: Wer ist mein Ansprechpartner?

Zu Aufgabe 2.)

- Was werde ich verdienen?
- Wie komme ich zu der Firma hin?
- Wie genau sind die Arbeitszeiten?
- Gibt es eine Altersbegrenzung?

Nach einer Bewerbung fragen, S. 92/93

Zu Aufgabe 1.)

Schüchternheit/Unsicherheit, man will nicht aufdringlich wirken, man kommt sich blöd vor …

Zu Aufgabe 2.)

Vorbereitung:

- eine günstige Zeit für den Anruf wählen (nicht zu früh, nicht in der Mittagspause oder kurz vor Feierabend)
- für eine ungestörte Atmosphäre beim Anruf sorgen
- alle Unterlagen die Bewerbung betreffend parat haben (Datum, wo habe ich die Anzeige gefunden, wer war mein Ansprechpartner)
- einen Zettel und Stift bereitlegen
- ein Lächeln aufsetzen

Möglicher Eröffnungssatz:

Mein Name ist … Am … habe ich mich bei Ihnen telefonisch um einen Job als … beworben. Leider habe ich bisher nichts von Ihnen gehört. Nun möchte ich fragen, ob Sie sich schon entschieden haben.

Zu Aufgabe 3.)

a) Ja, ich möchte auch nicht aufdringlich erscheinen. Können Sie mir denn sagen, wann ich mit Neuigkeiten rechnen kann?

b) Ich habe am … um … Uhr angerufen. Soll ich Ihnen vielleicht meine Daten noch einmal durchgeben?

c) Oh, dann weiß ich Bescheid. Es wäre gut gewesen, wenn mir das jemand mitgeteilt hätte.

d) Mit Herrn/Frau … Aber ich gebe gerne meine Daten noch einmal durch!

e) Hier lieber versuchen, jemanden persönlich zu erreichen. Ein Spruch auf dem Anrufbeantworter kann schnell missverstanden oder einfach ignoriert werden, aus welchem Grund auch immer. Dennoch nicht einfach aufregen, sondern: Hier war … Ich rufe später noch einmal an.

Zu Aufgabe 6.)

Merksatz:

Damit eine Nachfrage gelingt, ist es wichtig, dass ich mir nach einer telefonischen Bewerbung aufschreibe:

- wann ich angerufen habe,
- wo ich angerufen habe (Telefonnummer),
- mit wem ich gesprochen habe,
- wann ich mit einer Antwort rechnen kann.

Von sich erzählen, S. 97/98

Zu Aufgabe 1.)

Lösungsvorschlag:

Wer, Wo, Mit wem, Mit welcher Absicht

a) (Claudia)
- in einer Firma
- Personalchef/in
- bewirbt sich um einen Ausbildungsplatz

b) (Anna-Lena)
- Disco
- einem Jungen
- ihn näher kennenlernen

c)
- z.B. in einem Supermarkt (Aushilfs-, Ferienjob)
- einem Kollegen einer anderen Abteilung
- in der Berufsschule
- etwas über die andere Arbeit erfahren, sich über das Gehalt austauschen

Telefondienst (mit Übung), S. 99

Zu Aufgabe 1.)

a)
- er hat sich höflich gemeldet, mit dem Namen der Firma und seinem eigenen Namen
- er hat gefragt, was er für den Anrufer tun kann
- er hat gefragt, ob sein Chef zurückrufen soll

- er hat gesagt, dass er den Chef sofort über das Telefonat informieren wird und Zuverlässigkeit gezeigt (Zettel)

b)
- er hat nicht gefragt, worum es geht
- er hat nicht gefragt, ob er selbst weiterhelfen kann
- er hat sich den Namen nicht buchstabieren lassen
- er hat sich die Telefonnummer nicht geben lassen
- eine Minute Warten ohne Zwischenmeldung ist zu lang
- er hat teilweise Umgangssprache verwendet; „Moment" ist nicht höflich; „Der" statt „Herr Westerburg" ebenfalls nicht; „Tschüß" ist nicht immer angebracht.

c) **Auf dem Zettel fehlen wichtige Angaben:** Name falsch geschrieben, Telefonnummer fehlt. Für eine vollständige Telefonnotiz fehlen auch Datum und Zeit, evtl. der Vorname (bei häufig vorkommenden Nachnamen), der Grund des Anrufers und wer ihn angenommen hat.

Zu Aufgabe 2.)

Max: Schreinerwerkstatt Schmidtbauer, Max Sebald. Was kann ich für Sie tun?

Kunde: Sevanovic, guten Tag. Ich möchte mit Herrn Westerburg sprechen.

Max: Kleinen Moment bitte. Er ist leider gerade verhindert. Kann ich ihm etwas ausrichten, oder kann er Sie zurückrufen?

Kunde: Es wäre nett, wenn er mich zurückrufen könnte.

Max: Könnten Sie mir eventuell Ihren Nachnamen noch einmal nennen und die Rufnummer durchgeben. Er wird sich dann umgehend bei Ihnen melden.

Kunde: Vielen Dank. Mein Name ist Sevanovic. Ich bin bis 15 Uhr unter der 26598 zu erreichen.

Max: Ich habe alles notiert und gebe es sofort weiter. Einen schönen Tag wünsche ich Ihnen. Wiederhören!

Zu Aufgabe 3.)

So könnte ein Formular z.B. aussehen:

Anrufer:
Anschrift/Mail/Telefonnummer:
Datum:
Uhrzeit:
Rückruf (bis):
Anliegen:
To Dos:
Bitte beachten:
Angenommen von:

Schwierigkeiten überwinden – Rückfragen stellen, S. 100

Zu Aufgabe 2.)

a) Können Sie mir sagen, wie ich Nachrichten vom Vortag abhöre? (evt.: Was genau wollte Herr Führmann durchgeben/Welche Daten sind besonders wichtig?

b) Welches Stück vom Rind hätten Sie denn gerne? (falls der Kunde nicht schlüssig ist: Was möchten Sie denn zubereiten?)

c) Was genau soll ich denn holen? Können Sie mir auch sagen, wie viel? Wo genau liegt die preisliche Grenze? Wo befindet sich der Metzger?

d) Was sind denn Blattfedern? Wann wird er sein Auto abholen können? (ggf. auch: Wie teuer wird die Reparatur?) Wo finde ich denn die Telefonnummer von Herrn Bittmann?

Ehrlich und unehrlich, S. 101

Zu Aufgabe 2.)

a) Händler will ein gutes Geschäft machen; die genauen Bedürfnisse des Kunden sind ihm dabei egal.

b) Vorgesetzter will sich beliebt machen, ist zu feige, um Klartext zu sprechen, oder macht umgekehrt „aus Mücken einen Elefanten", weil er z.B. eine Abmahnung oder sogar eine Entlassung plant.

c) Vielleicht will der Mitarbeiter sich selbst auf der Messe profilieren/sich beim Chef beliebt machen.

d) Trainer will Kunden akquirieren.

Zu Aufgabe 3.)

Mögliche Antworten:

b) Ich kann ehrlich gesagt Ihren Gesichtsausdruck nicht ganz deuten. Meinen Sie ernst, was Sie sagen?

c) Ganz ehrlich, ich habe das Gefühl, dass Sie mir ein bisschen etwas vormachen. Gibt es vielleicht noch andere Gründe, aus denen Sie selber auf die Messe möchten?

d) Irgendwie glaube ich, du schmeichelst mir nur, um mich zu überreden, einen Fitnessvertrag zu unterschreiben. Kann das sein?

Kritik annehmen, S. 102

Zu Aufgabe 1.)

Formulierungsvorschlag:

Chefin: So geht das wirklich nicht. Du hast einiges im Leben noch nicht so ganz verstanden. Diese blöden Zahlen, wie du sie nennst, sind verdammt wichtig für uns. Es ist deine Aufgabe, das zu tun, was man dir sagt. Wo kämen wir denn da hin, wenn jeder nur seiner Lieblingsbeschäftigung nachgehen würde. Dein Verhalten kann ich nicht länger dulden.

Zu Aufgabe 3.)

Regeln für eine Antwort, wenn ich kritisiert werde:

- tief durchatmen
- erst einmal zuhören
- höflich sein
- grobe Ausdrucksweise und Schimpfwörter vermeiden
- auf die Gefühle des anderen eingehen
- die andere Meinung gelten lassen
- die eigene Meinung gut begründen
- kompromissbereit sein

Zu Aufgabe 4.)

Kristin: Ja, selbstverständlich, das werde ich sofort erledigen. Es tut mir wirklich leid, dass mir da ein Fehler unterlaufen ist. Ich werde mir in Zukunft mehr Mühe geben und konzentrierter arbeiten.

Literaturtipps

Beck, Bärbel; Klieme, Eckhard (Hrsg.):
Sprachliche Kompetenzen. Konzepte und Messung – DESI-Studie (Deutsch Englisch Schülerleistungen International). Beltz Pädagogik VI, 2007.
ISBN 978-3-407-25398-9

Berthold, Siegwart:
Im Deutschunterricht Gespräche führen lernen.
Unterrichtsanregungen für das 5.–13. Schuljahr.
Neue Deutsche Schule Verlagsgesellschaft mbH, 2000.
ISBN 3-87964-300-8

Butz, Wolfgang:
Das Hirschgraben Sprachbuch 10, Ausgabe B neue Rechtschreibung. Cornelsen Verlag, 1997.
ISBN 3-464-60498-5

Gora, Stephan:
Schule der Rhetorik. Ein Lese- und Arbeitsbuch.
Ernst Klett Schulbuchverlag, 2001.
ISBN 978-3-12-350271-2

Grünberg, Marion:
Kommunikationstrainer für Beruf und Karriere.
Überzeugend argumentieren, souverän vortragen, erfolgreich verhandeln. Humboldt-Taschenbuchverlag Jacobi KG, 2000.
ISBN 978-3-89994-134-0

Hebel, Franz (Mitarb.):
Spracherfahrungen. Deutsch für berufliche Schulen.
Cornelsen Verlag, 2006.
ISBN 978-3-464-63498-1

Katterl, Vera:
Praktische Wortschatzübungen. 11 kurzweilige Lektionen zur Förderung der Sprachkompetenz.
Für Kinder und Jugendliche. Von 8–18 J. Stolz, 2007.
ISBN 978-3-89778-270-9

Maier, Manfred:
Deutsch. Kompetent. Ernst Klett Schulbuchverlag, 2005.
ISBN 978-3-12803-710-3

Mayer, Leopold; Stanek, Wolfgang:
Kommunikation, Rhetorik, Präsentation.
Trauner, 2007.
ISBN 978-3-85499-243-1

Mende, Liesbeth; Rooyackers, Paul; Rooyackers, Bor:
Reden und Zuhören üben in Dialogen.
100 Texte und Situationen. Verlag an der Ruhr, 2004.
ISBN 978-3-86072-930-4

Mentzel, Wolfgang:
Kommunikation. Rede, Präsentation, Gespräch, Verhandlung, Moderation. Verlag C.H.Beck oHG, 2007.
ISBN 987-3-406-54510-8

Morgenthau, Lena:
Sprachlich fit in allen Situationen. Ideen und Methoden zur Verbesserung mündlicher Kommunikation.
Verlag an der Ruhr, 2005.
ISBN 978-3-8346-0042-4

Wagner, Roland W.:
Mündliche Kommunikation in der Schule.
UTB Schöningh, 2006.
ISBN 978-3-8252-2810-1

Wasserfall, Kurt:
Erzählen lernen. Ein Workshop zur Entwicklung der Sprachkompetenz. Verlag an der Ruhr, 2004.
ISBN 978-3-86072-935-9

Linktipps

www.uni-oldenburg.de/germanistik-kommprojekt/sites/0/0_1.html

www.mediamanual.at/mediamanual/editorial/index.php

www.schule-der-rhetorik.de

www.jugend-debattiert.ghst.de

Die in diesem Werk angegebenen Internetadressen haben wir geprüft (April 2009). Da sich Internetadressen und deren Inhalte schnell verändern können, ist nicht auszuschließen, dass unter einer Adresse inzwischen ein ganz anderer Inhalt angeboten wird. Wir können daher für die angegebenen Internetseiten keine Verantwortung übernehmen.

Verlag an der Ruhr

Alexanderstraße 54
45472 Mülheim an der Ruhr

Telefon 05 21/97 19 330
Fax 05 21/97 19 137

bestellung@cvk.de
www.verlagruhr.de

Es gelten die Preise auf unserer Internetseite.

Respekt, Respekt!

■ Höflichkeit und gutes Benehmen

Eine Lern-, Diskussions- und Arbeitsmappe

Nicole Wagner

13–16 J., 84 S., A4, Papphefter

ISBN 978-3-86072-662-4

Best.-Nr. 2662

19,80 € (D)/20,35 € (A)/34,70 CHF

■ Mein Betriebspraktikum

Arbeitsblätter zur Vorbereitung, Durchführung und Auswertung

Susanne Esser

Kl. 8–11, 72 S., A4, Papphefter

ISBN 978-3-8346-0454-5

Best.-Nr. 60454

18,50 € (D)/19,– € (A)/32,40 CHF

■ Portfoliomappe Berufsfindung

Arbeitsmaterialien zur Selbsteinschätzung

Peter H. Ebner, Sabine Fritz

12–21 J., 167 S., A4, Spiralbindung

ISBN 978-3-8346-0409-5

Best.-Nr. 60409

21,50 € (D)/22,10 € (A)/37,70 CHF

■ Berufswahl: Das will ich – das kann ich – das mach ich

Lebensplanung spielerisch ausprobieren

Peter H. Ebner, Sabine Fritz

12–21 J., 158 S., A4, Paperback

ISBN 978-3-8346-0026-4

Best.-Nr. 60026

21,50 € (D)/22,10 € (A)/37,70 CHF

■ Foto-Kartei Sprachunterricht

40 Bildimpulse fürs Sprechen, Schreiben und szenische Spiel

Redaktionsteam Verlag an der Ruhr

Kl. 5–10, A5 quer, Spiralbindung, vierfarbig, 40 vierf. Karten, perforiert + 30-seitiges Begleitmaterial

ISBN 978-3-8346-0513-9

Best.-Nr. 60513

19,80 € (D)/20,35 € (A)/34,70 CHF

■ Den richtigen Umgang mit Geld lernen

Ein Arbeitsbuch für Schule und Jugendarbeit

Luisa Braungardt

12–19 J., 117 S., A4, Paperback

ISBN 978-3-8346-0330-2

Best.-Nr. 60330

20,50 € (D)/21,10 € (A)/35,90 CHF

■ Stimmt das wirklich?

Informationen beschaffen, bewerten, benutzen

Carol Koechlin, Sandi Zwaan

Kl. 6–10, 129 S., A4, Paperback

ISBN 978-3-8346-0456-9

Best.-Nr. 60456

19,80 € (D)/20,35 € (A)/34,70 CHF

■ Selbstvertrauen und soziale Kompetenz

Übungen, Aktivitäten und Spiele für Kids ab 10

Terri Akin

10–16 J., 206 S., A4, Paperback

ISBN 978-3-86072-552-8

Best.-Nr. 2552

23,– € (D)/23,65 € (A)/40,30 CHF

Kommunikation • Lebenswege • soziale Kompetenz